KB189023

미친 아이디어는 말에서 나온다

미친 아이디어는 말에서 나온다

니토 야스히사 지음
고정아 옮김

상위 1% 크리에이티브
디렉터가 알려주는
미친 아이디어를 만드는
언어 훈련

필름

시작하며

| 지금 어떤 아이디어가 필요한가요?

당신이 이 책을 집어 든 이유는 무엇인가요?

회사 업무에 도움이 되는 아이디어를 많이 내고 싶어서인가요? 아니면 지역사회 활성화 같은 활동에 필요한 힌트를 얻고 싶어서인가요?

사실 비즈니스에서든 사회 활동에서든 '아이디어가 필요한' 상황은 꽤 있습니다.

- 소매 현장의 판매 촉진을 위한 방안을 찾아야 한다.
- 고객 만족도 향상 방안을 찾으라는 업무 지시가 있었다.
- 젊은 세대에 먹힐 만한 신제품 아이디어가 필요하다.
- 수익성 높은 신규 비즈니스를 생각해야 한다.
- 능력 있는 상사가 좋다고 인정할 만한 방법을 찾아내고 싶다.

- 주변의 협조를 얻을 수 있는 연구 주제에 대해서 생각하고 싶다.
- 부하 직원에게 동기 부여할 방법을 고민 중이다.

이렇게 열거해 보니 근본은 모두 같은 것 같습니다. 그것은 바로 **'어떤 문제가 존재하고 있고, 그 해결법을 찾고 싶다'**라는 것입니다.

아이디어란 어떠한 문제 해결에 도움이 되는 것

아무리 독특한 발상이라도 그것이 **어떤 문제 해결에 도움이 되지 않는다면 아이디어라고 부를 수는 없습니다.** 이 책에서는 주로 **'비즈니스 현장에서 도움이 되는 아이디어 기술'**을 서술합니다. 어떤 비즈니스에서든 개인이 아이디어를 만드는 기술뿐 아니라, 팀으로 아이디어를 견고하게 만들어 나가는 기술이 필요합니다.

따라서 전반부에서는 개인의 아이디어 발상 기술을 서술하고, 후반부에서는 팀 차원으로 아이디어를 만들고 그것을 강화하여 실행해 나가는 기술을 서술합니다.

말은 가장 빠르고 저렴한 프로토타이핑 도구

저는 카피라이터로 일하고 있지만, 카피라이터에게는 크게 두 가지 역할이 있다고 생각합니다. 하나는 여러분이 광고 등을 통해서 접하는 **광고문구를 쓰는** 역할이고, 또 하나는 비즈니스

나 프로젝트를 시작할 때 **아이디어나 콘셉트를 말로 만들어 내**
는 역할입니다.

릴레이 경기에 비유하면 프로젝트 마지막에 가치를 전달하
는 최종 주자의 역할과 프로젝트를 시작할 때 첫 주자의 역할
입니다. 저는 첫 주자 역할에 중점을 두고 카피라이터 일을 해
왔습니다. 언어의 전문가로서 사업이나 프로젝트 시작에 관여
함으로써, 비즈니스의 성패에 더 크게 영향을 미칠 수 있다고
생각했기 때문입니다.

저는 항상 "말은 가장 빠르고 저렴한 프로토타이핑 도구다"
라는 지론을 펼쳐 왔습니다. 프로토타이핑은 시스템 개발 등에
서 사용되는 개념입니다. 본격적인 개발에 들어가기 전에 프로
토타입(시제품)을 만들어 사용자 테스트 결과를 얻어내면서 가
설 아이디어의 정밀도를 높여 가는 일입니다. 그런 프로토타이
핑 모델의 사고방식처럼 비즈니스의 문제 해결도 진행에 앞서
프로토타입을 만들고, 아이디어를 검증하거나 개선할 수 있으
면 좋겠다는 생각으로 말로 아이디어를 만들어 검증하는 작업
을 이어왔습니다.

이 책에서는 그러한 경험을 토대로 **어떻게 아이디어를 떠올**
릴 것인지에 관한 내용뿐 아니라 아이디어를 검증하거나 재구
축하는 방법까지 언급합니다.

'말'은 누구나 공짜로 사용할 수 있습니다. 그렇기에 말을 이
용해 아이디어를 형태로 만들거나 더욱 견고하게 보완해 나가

는 개발의 순서를 자신이나 팀 안에 도입할 수만 있다면 더 빨리 그리고 저비용으로 문제 해결에 도움이 되는 아이디어를 만들어 갈 수 있으리라 생각합니다.

▌'아이디어를 내는 게 서투른 편'이라고 믿는 사람이라면 꼭 읽어 보자

지금까지 사회인 대상 공개강좌, 기업 연수, 지역 활성화를 위한 관계자 대상 강좌 등 다양한 비즈니스 현장의 분들을 대상으로 '아이디어 창출'을 주제로 한 강의를 진행해 왔습니다. 거기서 만난 분들의 공통점은 **자기 자신을 '보통 사람' 또는 '아이디어를 내는 게 서툰 사람'으로 믿고 있다**는 점이었습니다. 하지만 그런 분들이야말로 아이디어를 무기로 삼았으면 좋겠다고 생각합니다. 한 사람 한 사람이 아이디어를 창출하는 기술을 가지고 있으면 기업이나 지역이 바뀌고 세상이 바뀌어 가는 커다란 힘이 되니까요.

이 책은 자기 자신을 '지극히 평범한 사람'이라고 생각하는 사람들을 위해 집필했습니다. 그 이유는 저 역시 아이디어를 생각하는 게 서툴고, 아이디어와 마주하는 시간이 괴롭기 짝이 없던 보통 사람이었기 때문입니다. 그래서 제가 어디에서 걸려 넘어졌고, 어떤 시행착오를 거쳤으며, 그 과정을 어떻게 극복해 왔는지에 대한 제 경험도 섞어가면서, 아이디어를 문제 해결의 무기로 만들어 나가는 요령을 전해 드리고자 합니다.

각 장의 내용은 다음과 같습니다.

첫 번째 장에서는 아이디어란 문제 해결에 도움이 되는 것으로, 아이디어를 떠올리는 데 방해가 되는 네 가지 편견이 있다는 점을 설명합니다. 두 번째 장에서는 아이디어를 떠올리기 위한 기초로서 아이디어가 탄생하는 구조를 '문제'와 '해결'로 나누어 생각해 보고, 제가 업무 시에 사용하는 '아이디어 분해 구축 시트'를 설명합니다. 세 번째 장에서는 아이디어 발상의 가속 장치가 되는 기술에 대해서 제가 평소 어떻게 아이디어 발상법을 사용하고 있는지를 사례와 함께 소개합니다. 네 번째 장에서는 개인이 아닌, 팀 차원으로 아이디어를 생산하기 위한 기술을 설명합니다. 다섯 번째 장에서는 수많은 아이디어 중에서 가장 '좋은 아이디어'를 판별하는 기술과 요령을 서술합니다. 여섯 번째 장에서는 아이디어를 실현하고 확장하는 데 필요한 동료를 늘리는 기술을 설명합니다. 일곱 번째 장에서는 즉각적으로 소비되지 않고 '계속 성장하는' 브랜드와 상품 및 서비스를 생산하는 비결을 서술합니다.

전반부인 세 번째 장까지는 주로 개인이 아이디어를 떠올리는 기술을, 후반부인 네 번째 장부터 일곱 번째 장까지는 팀 차원의 아이디어력을 높이는 기술과 좋은 아이디어를 선택하는 요령, 아이디어의 실현을 빨라지게 할 동료를 늘리는(주변에서 응원해 주는) 기술을 서술했습니다. 개인과 팀이라는 양 측면에서 아이디어를 생산하는 기술과 아이디어력을 높이는 방법을 설명하고 있다는 점이 다른 데서 찾아볼 수 없는 이 책의 커다란 특징입니다.

다음 페이지의 그림 1이 이 책의 전체 구성입니다. 아이디어를 만들어 나가는 과정과 더불어 아이디어력을 단련하는 것에 관해서도 언급했습니다. 단순히 아이디어를 쉽게 만들 수 있는 방법론에 관한 책이 아니라, 업무의 실천을 통해 더욱 견고한 아이디어를 만들 수 있는 근력을 키우는 것을 목표로 삼고 있습니다.

자신이 아이디어를 내는 게 서툴다고 믿는 사람에게 도움이 되는 책을 만들고 싶다는 마음으로 집필했으니, 부디 마지막까지 함께하여 주세요.

2024년 1월

주식회사 Que 이사 니토 야스히사

그림 1 | 니토 스타일의 '말로 아이디어를 만드는' 차트

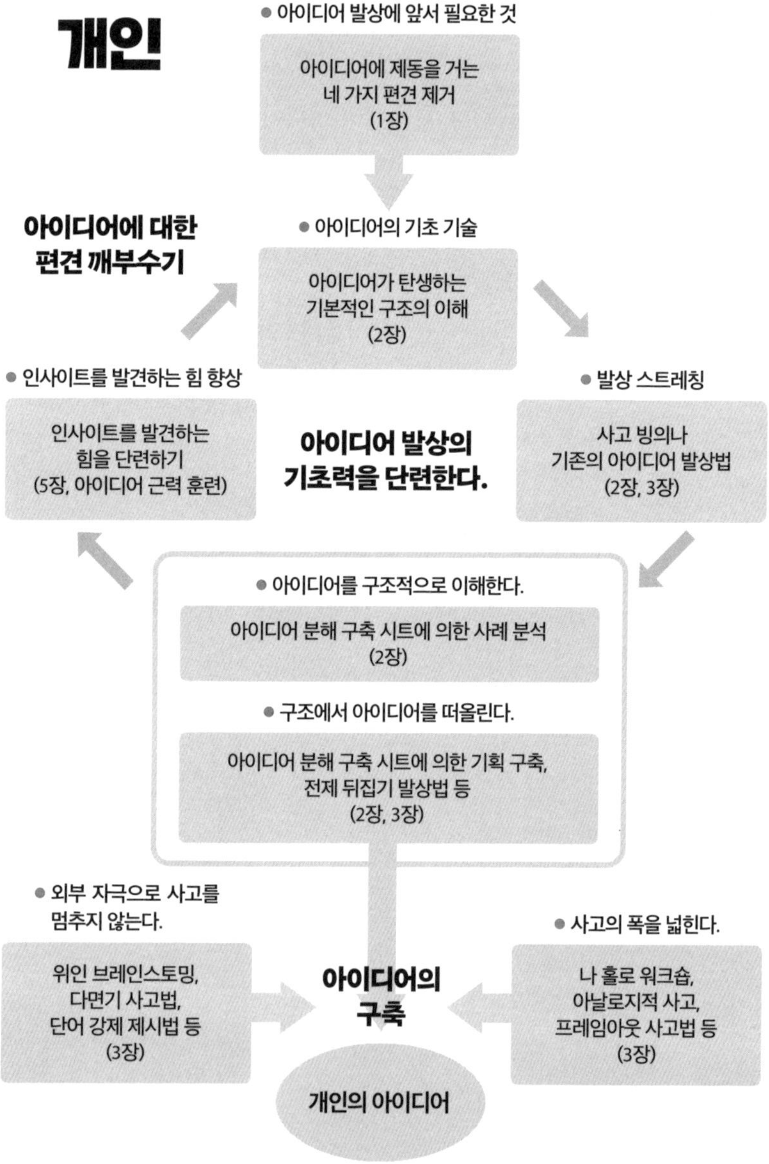

개인

● 아이디어 발상에 앞서 필요한 것

아이디어에 제동을 거는
네 가지 편견 제거
(1장)

**아이디어에 대한
편견 깨부수기**

● 아이디어의 기초 기술

아이디어가 탄생하는
기본적인 구조의 이해
(2장)

● 인사이트를 발견하는 힘 향상

인사이트를 발견하는
힘을 단련하기
(5장, 아이디어 근력 훈련)

**아이디어 발상의
기초력을 단련한다.**

● 발상 스트레칭

사고 빙의나
기존의 아이디어 발상법
(2장, 3장)

● 아이디어를 구조적으로 이해한다.

아이디어 분해 구축 시트에 의한 사례 분석
(2장)

● 구조에서 아이디어를 떠올린다.

아이디어 분해 구축 시트에 의한 기획 구축,
전제 뒤집기 발상법 등
(2장, 3장)

● 외부 자극으로 사고를
멈추지 않는다.

위인 브레인스토밍,
다면기 사고법,
단어 강제 제시법 등
(3장)

● 사고의 폭을 넓힌다.

나 홀로 워크숍,
아날로지적 사고,
프레임아웃 사고법 등
(3장)

**아이디어의
구축**

개인의 아이디어

개인이나 팀의 아이디어를 만드는 근력이나 기술이 부족한 부분을 확인해 보자.

팀

개인의 아이디어

개인의 아이디어

개인의 아이디어

● 팀원이 아이디어를 쉽게 떠올릴 수 있게 한다(아이디어의 확산).

수평사고(lateral thinking)와 촉진 기술(facilitation technique) (4장)

팀 차원에서 기획을 견고하게 만든다.

● 좋은 아이디어를 가려 내어 정리한다.

견고한 인사이트의 발견, 설명서 쓰기 등 (4장, 5장)

아이디어의 재검토

팀 차원의 아이디어

아이디어의 실행을 위해

● 실행된 아이디어를 검증하여 계속 성장시켜 나간다.

사고를 멈추지 않는 구조와 '질문'의 내포 등 (7장)

아이디어를 실행하여 검증하고 성장시켜 나간다.

● 아이디어 실현이 빨라지도록 응원해 줄 동료를 늘린다.

응원받기 위한 전달 기술과 관계 맺기 기술 (6장)

아이디어의 실행

차례

1장

아이디어 발상법에
앞서 필요한 것

아이디어 재능이
제로였던 나

아이디어 강의를 진행할 때, 시작하기 전에 항상 다음과 같은 질문을 합니다.

"여러분 가운데 아이디어를 잘 내는 분이 있다면 손들어 보시겠어요?"

그러면 어떨 것 같나요? 손을 드는 사람이 거의 없습니다.

또 "자신을 창의적이라고 생각하시는 분은?"이라는 질문에도 마찬가지로 손을 드는 사람이 거의 없습니다. 수강생 대부분이 자신 없는 표정을 짓고 있습니다. 그런 그들을 위해 다음 슬라이드 화면에 "괜찮습니다. 오히려 다행입니다"라는 말을 준비해 놓고 있습니다. 왜냐하면 아이디어를 내는 것에 대한 자신감 부족에 대해서 너무 잘 알거든요. 저도 예전에는 수강생분들과 다를 바 없었습니다. 학창 시절부터 예술과 아이디어에 흥미는 있었지만, 저에게는 재능이 없다고 생각해서 재능 있는 사람을 지원하는 일을 하고 싶었습니다.

대학을 졸업하자마자 들어간 광고 대행사에서는 한동안 영업을 담당했습니다. 그때 만난 많은 크리에이터들이 나와는 뇌구조 자체가 다른 그저 대단한 사람들이라고 생각했습니다.

그러던 가운데 우연이 겹쳐 크리에이티브 부서로 이동했고, 카피라이터라는 직함을 달고 크리에이터라 불리게 되었습니다. 크리에이터가 되면 아이디어를 창출하는 업무가 잇달아 주어집니다. 어느 날엔 다음과 같은 과제를 부여받았습니다.

"패스트푸드 체인 A사에서 판매하는 음식이 건강하지 못하다고 여겨지고 있습니다. 이 상황을 타개하기 위해서 어떤 광고를 만들면 좋을지 사흘 뒤에 아이디어 회의를 진행할 예정이니 신입 여러분도 아이디어를 생각해 오도록 하세요."

신입이었기에 시간만큼은 많았습니다. 하지만 생각하고 또 생각해도 그것을 해결할 방법이 전혀 떠오르지 않았습니다. 머릿속은 같은 곳만 빙빙 돌고 뭔가 떠올라도 괜히 부족하게만 느껴져서 지우고 또 생각해도 좋은 아이디어에 도달하지 못한 채 결국 그 사내 회의에 아이디어를 하나도 가지고 가지 못했습니다.

"생각해 봤지만, 하나도 떠오르지 않았습니다"라고 말하면서 고개를 푹 숙이는데 눈물이 흐르고 말았습니다. 선배들은 기막혀 한다기보다 곤혹스러워하는 눈치였습니다. 다른 신입 동료들은 셀 수 없을 만큼 많은 아이디어를 냈습니다. 이런 일이 한 두 번이 아니라 여러 차례 계속되면서, 저는 완전히 자신감을 잃고 이직을 생각할 정도였습니다.

▌터닝포인트가 된 대학 시절 친구의 상담

그러던 어느 날 대학 시절 친구로부터 연락이 왔습니다.

"가방 만드는 회사를 차렸는데, 어떻게 판매해 나가면 좋을지 고민 중이야. 네가 전문가니까 마케팅이나 커뮤니케이션, 브랜딩을 함께 생각해 줄 수 없을까?" 하고요.

자신감을 잃고 방황의 시간을 보내던 저는 한차례 거절했지만, 달리 기댈 사람이 없다는 친구의 말에 돕기로 했습니다. 그리고 회사 일이 끝나면 바로 친구에게 달려가 밤을 지새워 가며 의견을 나누곤 했습니다. 생각할 일이 산더미였거든요.

소비자가 상품에 관심을 가지도록 하려면 POP 광고에는 무엇을 어떻게 써야 할지, 브랜딩과 판매를 동시에 진행할 전자상거래 사이트는 어떻게 운영하면 좋을지, 어떤 회사라고 어필해야 고객과 협력사가 관심을 가질지, 무엇보다 소비자는 어떤 상품을 원하는지 등. 하나하나 진행해 나가면서 떠오른 생각들은 바로 실행에 옮겼습니다. 그렇게 해서 고객의 반응을 살피고 다시 아이디어를 생각하는 일을 계속 이어 나갔습니다.

그때의 경험이 저를 크게 바꿔 놓았습니다. 본업인 광고 대행사의 업무를 할 때는 선배에게 인정받을 생각만 해서 주어진

범위의 일만 생각했습니다. 그런데 막 시작한 친구 회사의 일은 '잘 팔리도록 해야 한다', '견고한 브랜드를 만들어야 한다'라는 목적 달성을 위해 반드시 좋은 아이디어가 필요했습니다. 카피라이터라고 해서 말에 대해서만 생각하면 되는 게 아니라, 매출 상승이라는 비즈니스의 목적을 위해 무엇이든 상관없으니 효과적인 아이디어를 내야 했습니다. 생각할 일은 산더미였고, 아이디어가 좋으냐 나쁘냐에 따라 그 브랜드의 성패가 갈리므로 진짜 좋은 아이디어를 만들어 내야 한다는 각오가 생겼습니다. 경영자의 시선으로 정신없이 아이디어를 생각했습니다. 그것은 즐거운 과정이기도 했습니다. 불쑥 떠올린 생각을 말하면, "그거, 좋은 생각인데요"라며 모두가 아이디어를 확장해 나갔습니다. 그러면서 아이디어를 생각하는 일이 힘들고 괴로운 일이 아님을, 모두가 좋은 아이디어를 목표로 생각을 공유하는 것은 즐거운 일임을 새삼 깨닫게 되었습니다.

그런 경험을 거듭하면서, 근무하는 광고 대행사에서의 업무 방식도 서서히 바뀌어 갔습니다. 캠페인의 전체적인 흐름을 생각하며 비즈니스의 큰 그림을 그리고, 그 안에서 소비자의 마음을 사로잡을 효과적인 아이디어를 생각할 수 있게 되었습니다.

그때부터 **아이디어라는 것을 무기로 삼자고 생각하고, 시행착오를 거치면서 지금에 이르게 되었습니다.** 자신감을 상실했던 저에게 상담을 부탁한 친구의 회사는 가방을 비롯해 장신구와 의류까지 취급하는 '마더하우스MOTHERHOUSE'라는 회사입니다. 사장이자 디자이너인 야마구치 에리코山口絵理子 씨, 그리고 부사장 야마자키 다이스케山崎大祐 씨는 저를 곤경에서 구해 준 은인이기도 합니다(본인들에게 제대로 말한 적은 없습니다만).

▌ 자신에게 가장 불행한 일은 무엇인가?

참고로 야마자키와의 사이에는 제 인생에 영향을 준 학창 시절의 에피소드가 하나 더 있습니다. 졸업을 앞두고 구직 활동을 하던 야마자키는 외자계 금융회사에 들어가기로 마음을 먹습니다. 당시 그는 온갖 사회문제에 관심을 가지고 활동했었으므로 조금 의외였습니다. 왜 그런 선택을 하게 되었는지 이유를 물었더니 다음과 같이 대답했습니다.

"세상에서 가장 불행한 일은 뭘까? 나는 굉장한 아이디어나 그런 아이디어를 창출할 수 있는 사람이 있는데 돈이 없다는 등의 이유로 그들의 아이디어를 실현하지 못하는 것이 가장 불행하다는 생각이 들었어. 그래서 먼저 굉장한 아이디어에 자금을 제공하는 등 세상에 가치를 창출해 내기 위한 힘을 기르고 싶어."

그의 말에 저는 영향을 받았습니다. 그리고 저에게 가장 불행한 일은 무엇일까를 생각해 봤습니다. 친구가 말한 문맥 그대로 '나에게 가장 불행한 일은 굉장한 아이디어를 통해 탄생한 제품이나 서비스가 있는데, 그것을 필요로 하는 사람이 있음에도 불구하고 그것을 몰라서 세상에 없는 것이나 다름없게 되는 일이다. 그래서 전달하는 전문가가 되어 필요로 하는 사람에게 필요한 것을 제대로 확실하게 제공할 수 있었으면 좋겠다'라고 생각했고, 광고 대행사에 취직했습니다.

마더하우스를 도운 일은 바로 학창 시절의 내 생각을 다시금 확인하는 일이기도 했습니다.

왜, 지금 아이디어가
중요한가?

"최근 20년 사이, 음악 업계의 판도를 크게 뒤흔들어 놓은 사람은 누구일까요?"라는 질문을 받는다면 여러분은 누구 또는 어느 기업이 떠오르나요? 세계적인 밴드나 아티스트? 아니면 유니버설뮤직, 소니뮤직, 워너뮤직, 에이벡스와 같은 대형 음반 레이블 회사? 그도 아니면 보컬로이드VOCALOID라는 새로운 표현 방법을 탄생시킨 야마하일까요?

강의를 할 때마다 이 질문을 던져 보면 많은 사람이 아이튠즈iTunes를 만든 애플이나 유튜브를 운영하는 구글, 스포티파이 테크놀로지Spotify Technology와 같은 테크놀로지 기업을 꼽습니다. 뭐 사실 그들에 의해 CD에서 데이터로 미디어가 바뀌었을 뿐 아니라 음악을 소유하는 방식도 바뀌었고, 히트의 법칙과 아티스트 발굴 방법도 바뀌었다고 할 수 있습니다.

여기서 주목할 점은 애플이나 구글과 같이 음악 업계와는 거리가 멀었던 플레이어가 새로운 아이디어를 들고 들어와 업계에 지각 변동을 일으켰다는 사실입니다. 지금까지의 상식이 깨지고 새로운 상식 안에서 또다시 아이디어에 의한 승패가 요구되고 있는데, 이는 음악 업계뿐 아니라 모든 업계에 통용되는 얘기가 아닐까 싶습니다.

지금 여러분이 속한 업계는 어떤가요? 음악 업계만큼 뚜렷하지는 않아도 비슷한 일이 벌어지고 있지는 않은가요? '예전엔 좋았는데' 하고 부정적으로 생각하는 분도 있겠지만, 낙관적으로 생각해 보면 그 반대도 있습니다. 아이디어가 있으면 지금까지의 업계 상식을 파괴하고 새로운 기회를 만들어 갈 수도 있으며 애플이나 구글과 같이 다른 업계에 아이디어를 들고 뛰어드는 것도 가능한 시대입니다.

▎광고의 기원은 기원전 1000년

제가 경력을 쌓아온 광고 업계도 마찬가지입니다. 2022년에는 디지털 광고비가 TV를 포함한 4대 매체(TV, 라디오, 신문, 잡지-옮긴이)의 광고비를 뛰어넘으면서 지각 변동이 일어났습니다. 게다가 광고의 정의 자체가 흔들리고 있습니다. 애초에 광고는 말 그대로 널리 알린다는 뜻입니다. 많은 사람에게 알림으로써 문제 해결을 꾀합니다.

광고의 기원은 기원전 1000년경이라고 합니다. 대영박물관에 보관된 고대 이집트의 테베 유적에서 발굴된 고문서 '파피루스'에는 "도망친 노예 셈을 붙잡아 오면 사례로 금반지를 드리겠다"라고 쓰여 있습니다. 이는 '어떤 행위를 한 자에게 일정한 보수를 지급한다는 취지의 광고'라는 현상 광고에 해당합니다. 지금도 경찰서에 붙어 있는 지명수배 전단에서 볼 수 있습니다. 광고는 이러한 기원에서 발전하여 상품을 구매하게 하거나 기업 및 활동을 좋아하게 하려는 등의 여러 목적에 맞춰 '널리 알림'으로써 문제 해결을 꾀해 왔습니다.

그런데 현재는 어떤가요? 그저 널리 알리는 것만으로는 문제가 해결되지 않는 경우가 많아졌습니다. 정보량이 폭발적으로 증대하면서 광고로서 발신되는 정보는 불필요한 정보로 받아들이는 사람이 많습니다. 3,000여 년이나 이어져 온 '널리 알리면 문제를 해결할 수 있다'라는 상식이 지금 흔들리고 있다는 말입니다. 그렇기에 광고는 그저 '널리 알리는' 것을 뛰어넘어 다양한 접근이 시도되고 있습니다.

세상의 분위기를 만들어 가는 '전략 PR'이나 지금까지의 문제 해결 수법에 얽매이지 않고 '뭐든 가능'하다는 사고방식으로 기획하는 '커뮤니케이션 디자인', 필요한 사람에게 정확하고 확실한 정보로서 전달하는 '애드테크AdTech(광고와 기술을 결합한 조어로, 광고 전달을 고도로 시스템화한 것 전반을 가리킴-옮긴이)'와 마케팅에서의 '데이터 활용', 그리고 소비자의 체험을 어떻게 설계할지를 생각하는 '경험 디자인'과 기업의 사회적 활동 및 '목적

중심 경영' 같은 것도 중요시되고 있습니다. 광고가 담당해 온 문제 해결이 지금은 광고 대행사에서만 이루어지는 게 아닌 모든 업계 사람들에게 필요한 것이 되고 있다는 뜻입니다.

다시 한번 묻습니다. 여러분이 몸을 담고 있는 업계에서는 어떤가요?

- 지금까지의 규칙이 통용되지 않게 되었다.
- 과거의 방법으로는 성과가 나타나지 않게 되었다.
- 디스럽터(시장 교란자)나 새로운 플레이어가 새로운 경쟁자로 등장하기 시작했다.

이리하여 새로운 규칙에 따른 게임이 시작되고 있습니다. 그리고 지금까지의 전제와 편견을 버리고 문제 해결을 위해 아이디어를 생각하는 것이 요구되고 있습니다. **아이디어는 특별한 사람들만이 생각하는 게 아닌 상황이 되었죠. 이제는 모든 사람이 정면으로 마주하여 기술로서 익혀 나가야 하는 시대입니다.** 이 책을 집으신 분들은 이미 그것을 알아차린 사람들이라고 생각합니다.

아이디어에 제동을 거는
네 가지 편견

신입이었을 때를 되돌아보니 **스스로 아이디어에 제동을 걸고 있었습니다.**

자동차 운전을 떠올려 보세요. 액셀 페달을 밟으면 자동차가 움직입니다. 아이디어의 액셀은 아이디어 발상법과 같은 것입니다. 세상에는 여러 가지 아이디어 발상법이 있습니다. 인터넷만 봐도 온갖 방법이 나옵니다. 당시에는 저도 갖가지 아이디어 발상법을 조사하고 찾아내어 사용했습니다. 하지만 제게 주어진 과제와 관련해서는 아이디어를 하나도 생각해 내지 못한 채 회의에 참석하는 하루하루가 이어졌습니다. 물론 아이디어 발상법을 이용하는 것은 효과적인 수단입니다. 그러나 과거의 제가 그랬던 것처럼 자신은 아이디어 발상에 재능이 없다고 믿는 사람이 맨 처음 할 일은 액셀 페달을 밟는 게 아니라, 동시에 밟

아버린 브레이크 페달에서 발을 떼는 일입니다. 브레이크는 각자의 마음속에 존재합니다. 그리고 그 브레이크 페달에서 발을 떼는 방법은 하나입니다. 그것은 바로 "나도 얼마든지 아이디어를 낼 수 있어" 하고 자신을 믿는 일입니다.

여러분은 어떤가요? 저는 학생이나 사회인을 대상으로 강의를 진행하면서 아이디어에 대한 잘못된 생각이 아이디어 발상을 방해하고 있다고 느끼는 일이 많습니다. 사이드 브레이크를 당긴 채 액셀 페달을 밟고 있지는 않은가요? 또는 브레이크 페달을 밟은 채 액셀 페달을 밟고 있는 것은 아닌가요?

제가 그랬듯이 많은 사람이 아이디어의 브레이크를 스스로 밟고 있습니다. **자신에게는 대단한 아이디어를 창출해 낼 만한 재능이 없다는 생각과 아이디어에 대해서 가지고 있는 잘못된 '편견'이 안타깝게도 브레이크가 되어 버리는 것입니다.**

이 브레이크가 되는 '편견'에는 크게 네 가지가 있습니다.

첫째, '아이디어는 제로에서 탄생하는 것'이라는 편견
둘째, '자신은 창의적이지 못하다'라는 편견
셋째, '홈런급 아이디어여야만 한다'라는 편견
넷째, '옳은 것이 정답'이라는 편견

이제 이 네 가지 편견을 설명하겠습니다.

아이디어를 내는 것이 어려운 분은 자신의 경험에 비추어 보면서 본인 마음속에 브레이크가 존재하고 있지는 않은지 검증해 보세요. 이 브레이크 페달에서 발을 떼기만 해도 아이디어를 내기가 쉬워질 테니까요.

'아이디어는 제로에서 탄생하는 것' 이라는 편견

아이디어의 '위인'이라고 부를 만한 사람은 많습니다. 저는 토머스 에디슨Thomas Edison, 히라가 겐나이平賀源內, 헨리 포드Henry Ford와 같은 분들을 좋아해서 예전부터 그들을 동경해 왔습니다. 그들을 제 마음대로 천재라고 추앙하며 그들처럼 하늘에서 내려준 선물 같은 번득임이 있어야 대단한 아이디어라고 할 수 있다고 생각했습니다. 그런데 그런 생각이 브레이크가 되고 있었습니다. 아주 작은 아이디어라도, 문득 스친 사소한 생각이라도 '좋은 아이디어'로 이어질 가능성이 있는데, 스스로 하찮은 것이라며 떨쳐내고 있었습니다. **천재들에게는 나와는 다른 특별한 재능이 있고 그렇기에 보통 사람인 나는 아이디어를 낼 수 있을 리가 없다고 하는 편견이 아이디어 발상에 제동을 거**는 요인이었습니다.

저는 아이디어도 예술과 마찬가지로 제로에서부터 무언가를 창출하는 것으로, 번득이는 발상은 하늘에서 내려주는 것이라고 믿었습니다.

하지만 언젠가부터 생각이 조금씩 바뀌기 시작했습니다. 다양한 업계에서 활약하는 크리에이터나 아티스트는 내가 멋대로 상상했던 천재와는 달리 뒤에서 꾸준히 노력하는 사람들이었음을 알았기 때문입니다. 그 무렵부터 크리에이터나 아티스트와 만날 때마다 다음과 같은 질문을 하게 되었습니다.

"과거의 작품이나 사례를 찾아보면서 공부하고 연구하시나요?"

그러면 모두가 하나같이 공부한다고 대답합니다. 더욱이 활발하게 활약 중인 사람일수록 광적인 수준으로 머릿속에 과거의 작품이나 사례가 저장되어 있다는 사실을 알았습니다. 영향력 있는 인물들의 말을 찾아보면 그들의 생각에는 공통점이 보입니다.

"예술은 도둑질이다." – 파블로 피카소 Pablo Picasso

"내가 공부할 유일한 예술은 뭔가 훔쳐 올 만한 게 있는 예술이다." – 데이비드 보위 David Bowie

"사람들이 어떤 작품을 '오리지널'이라고 말할 때 그 십중팔구는 그 작품이 원래 어디서 왔는지, 무엇을 참조했는지 모르기 때문이다." – 조너선 리섬 Jonathan Lethem

"매우 좋다고 생각한 누군가를 따라 하자. 모방하고 또 모방하고 또 모방하다 보면 자신이 보인다." – 야마모토 요지山本耀司

"어떤 것도 모방하고 싶어 하지 않는 사람들은 아무것도 만들지 못한다." – 살바도르 달리Salvador Dalí

당연하지만 그들이 말하는 것은 '도용'과는 다릅니다. 이 점에 대해서는 뒤에서 자세히 설명하겠지만, 과거의 작품에서 그 구조와 기술을 자신이 사용할 수 있는 도구로 삼거나, 기존의 생각과 요소를 발전시키거나, 기존의 아이디어나 요소끼리 조합하는 과정에서 아이디어가 생겨난다고 말하는 것입니다.

아이디어는 제로에서 탄생하는 것이 아닙니다. 그렇게 생각하면 부담감이 조금은 덜어지지 않나요? 공부해 나가는 게 중요하다고 하니 성실한 저에게도 기회가 있으리라는 생각이 듭니다.

'자신은 창의적이지 못하다' 라는 편견

　지금이니까 자신감을 가지고 말할 수 있는데 애초에 창의적이지 않은 사람은 없습니다. 영유아 교육 프로그램 중 하나인 '레지오 에밀리아 접근법Reggio Emilia approach'에서는 **"어린이는 100개의 언어를 가지고 있다. 그러나 사람들은 그중 99개를 훔쳐 간다"**라고 말합니다. 물론 아이는 천진난만하고 항상 본질적입니다. 아이가 가지고 있는 발상 그대로 어른이 된다면 '아이디어의 싹'을 많이 틔울 수 있을 것입니다.

　하지만 99개를 사람들이 훔쳐 간다는 말처럼 '제로에서 창출해야 한다', '홈런급의 혁신적인 아이디어여야 한다', '옳아야 한다'라는 편견을 나이가 들면서 더욱 굳혀기면서, 스스로 아이디어에 제동을 걸고 있는 것입니다.

　제가 TV도쿄 계열 〈시나푸슈〉라는 영유아 대상의 프로그램에서 코너를 기획하고 있는 이유는 인간이 모두 가지고 있는 창의력을 어떻게 키워나갈 것이냐는 점에 관심이 있기 때문입니다.

▌'틀려서는 안 된다'라는 편견

그렇다면 어른에 대해서는 뭘 할 수 있을까요?

앞서 말했듯이 "아이디어를 내는 일에 자신 있는 사람은 손을 들어 보세요"라는 질문을 던지면 거의 손을 들지 않습니다. 이러한 현상을 바꿔 나가야 한다고 생각합니다. 마음가짐을 바꾸는 것만으로는 부족합니다. 아이디어를 창출하는 '환경'을 바꿔야 합니다. '자신은 창의적이지 못하다'라는 편견은 가정이나 학교, 직장 등 주변의 영향을 받아 만들어졌다고 생각합니다.

그래서 '환경'을 바꿔야 한다고 강조합니다. 한 사람 한 사람이 유아기 때부터 다시 시작할 수는 없으므로 하다못해 눈앞의 아이디어를 생산하는 환경을 바꾸자는 말입니다.

과제 해결을 위한 최초의 번득임이라고도 할 수 있는 '아이디어의 싹'은 매우 여립니다. 그것을 '시시하다'라며 부정해 버리는 것은 간단합니다. 하지만 싹은 따서 없애는 것이 아니라 소중히 키워야 하는 것이라고 개인은 물론이고 팀, 회사, 그리고 사회 전체가 생각한다면 지금의 환경은 분명 바뀌리라 생각합니다.

조직 행동학 전문가인 에이미 에드먼슨Amy C. Edmondson이 1999

년에 처음 주장한 **심리적 안전감**은 '팀의 다른 구성원들이 자신의 발언을 거부하거나 비판하지 않을 거라고 확신할 수 있는 상태'를 말합니다. 구성원끼리의 관계성에서 '이 팀 내에서는 구성원의 발언이나 지적으로 인한 인간관계의 악화를 초래하지 않을 거라는 안심감이 공유되고 있다'라는 연구 결과를 발표한 것으로도 주목받았습니다.

특히 **일본에서는 '틀려서는 안 된다'라는 편견이 강한** 것 같습니다. 그렇기에 팀 차원에서 아이디어를 만들고, 좋은 아이디어로 발전시켜 나가려면 리더의 역할이 중요합니다. 심리적 안전감을 확보하고 구성원 한 사람 한 사람의 아이디어를 의미 있는 것이라고 피드백함으로써 모두가 창의적인 인간이라고 생각하게 해야 합니다. 이러한 환경 조성을 통해 아이디어의 브레이크 페달에서 발을 떼는 것입니다. 이에 대해서는 네 번째 장 '팀 차원에서 아이디어를 창출하는 기술'에서도 자세히 언급했습니다.

'홈런급 아이디어여야만 한다' 라는 편견

　아이디어 발상을 방해하는 세 번째 편견은 세상을 바꿀 만한 커다란 아이디어가 아니면 아이디어라고 말할 수 없다는 편견입니다.

　아이디어를 평가할 때 얼마만큼 참신하고 새로운 것인가 하는 **'신규성'**과 과제에 대해서 얼마나 효과적인가 하는 **'유용성'**을 곱하여 생각하는 경우가 많을 텐데요. 그때 양쪽 모두를 최대한 살린 '최고의 신규성×최고의 유용성'의 것을 내놓아야만 한다고 생각하는 사람이 많은 것 같습니다. 이유는 역사에 남을 만한 굉장한 아이디어를 벤치마킹하기 때문입니다. 누구나 알고 있다는 말은 세상에서 '좋은 사례'로 꼽히는 대히트 상품이거나 획기적인 발명이라는 의미입니다. 그런 전설적인 아이디어를 벤치마킹한다면, 어떤 아이디어든 '하찮은 것'이라 여겨지게 마련입니다.

　그러나 상상해 보세요. 사회를 바꿀 만한 그런 혁신적인 아이디어가 발상 단계에서부터 "이것은 세상을 바꿀 아이디어다"라고 확신했던 것일지를요. 그보다는 어쩌면 가능성이 있을지 모른다는 약간의 기대를 품고 그것을 검증하고 넓혀 세상에 던져 놓으니 차츰 확산해 나간 경우가 많습니다. 그렇게 생각하면 처음부터 홈런급 아이디어인지를 판단하기보다 조금이라도 신규성이나 유용성의 '싹'이 보이는가 하는 관점으로 아이디어를 봐야 합니다.

▌창의성의 네 가지 유형

　아이디어와 창의성에 대한 연구를 잠시 살펴보겠습니다.

　창의성 연구와 관련하여 미국의 심리학자 제임스 카우프만 James C. Kaufman 등은 그림 2와 같이 창의성의 유형을 4C[■]로 제시했습니다. 아이디어를 창출하는 힘은 기술과 경험을 통해 얻어지는 것으로 하루아침에 톱 플레이어가 될 수는 없습니다. 이 책에서 소개해 나갈 프레임워크를 이해한다고 해도 그것을 완벽히 사용하여 자기 것으로 만드는 데는 그 나름 시간이 걸립니다. 기술 습득에는 성장의 단계가 있으니까요. 그림 3과 같이,

■　Kaufman, James C., and Ronald A. Beghetto. "Beyond big and little: The four c model of creativity." Review of General Psychology 13.1 (2009)

그림 2 | 창의성의 네 가지 유형

Big-C 역사에 길이 남을 만한 혁신적인 창의성.

Pro-C 전문가의 창의성. 전문가나 그 분야의 직업으로서 충분한 수준의 새로운 아이디어.

Little-C 일상생활 안에서의 창의성. 새로운 문제를 해결하기 위해 매일 궁리하고 아이디어를 실행하며 개인적으로 성장해 감.

Mini-C 개인의 내적인 창의성. 활동이나 체험, 사건을 나름대로 유의미하고 새롭게 해석하는 것. 아이디어를 가지고 행동함.

그림 3 | 작은 아이디어가 큰 아이디어로 이어진다

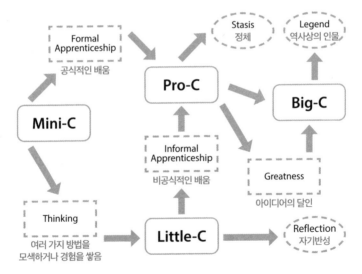

작은 창의성에서부터 큰 것으로 이어집니다. 처음부터 갑자기 Big-C를 노리기보다 우선은 Mini-C와 같은 내적인 창의성에 주목하여 '경험, 행동, 사건에 관한 참신하고 개인적으로 의미 있는 해석'을 소중히 여기면서 차근차근 시작해 보세요. 그런 작은 아이디어 안에 큰 아이디어로 이어지는 싹이 숨어 있습니다.

▌처음부터 완벽한 아이디어를 낼 필요는 없다

이러한 성장의 단계가 있다는 점과 더불어 한 가지 더 말하고 싶은 게 있습니다. 그것은 바로 "적절한 단계에서 적절한 배움을 실천해야 한다"라는 점입니다. 스포츠를 예로 들면 이해하기 쉽습니다. 가령 축구공을 처음 만져 본 사람에게 최첨단 팀 전술을 철저히 주입하는 것은 축구를 잘하기 위한 지름길이 아닙니다. 그전에 공을 정확하고 확실하게 포착하여, 정확하고 확실하게 차는 기초 기술의 습득이 중요합니다.

아이디어를 하나도 제안하지 못했던 신입 시절에 종종 머릿속으로 **'아이디어란 여러 문제를 단번에 해결하는 것'**이라는 말을 되새기곤 했습니다. 이 말은 〈동키콩 시리즈〉와 〈슈퍼 마리오 시리즈〉를 낳은 창시자로 알려진 닌텐도의 프로듀서 미야모토 시게루宮本茂가 언급했던 말입니다. 옳은 정보이기는 하지만, 이 정보가 당시의 제게는 아이디어에 제동을 걸게 된 원인이기도 했습니다. 앞서 서술한 4C 중 Big-C나 Pro-C의 아이디어를 창출할 때 시사점을 던져주는 말인데, 그러한 아이디어를 낼 수 있는 수준에까지 도달했다면 아무 문제 없었겠지만, 아이디어를 창출하는 것이 아마추어 수준인 제게는 아이디어 그 자체에 대한 기준을 높여 어떤 아이디어든 하찮고 시시하다고 생각해 버리게끔 하는 원인이 되었던 것입니다.

아이디어 발상을 방해하는 세 번째 편견으로 소개한 '홈런급 아이디어여야만 한다'라는 것은 하나의 아이디어로 모든 문제를 해결해야 한다는 것을 의미합니다. 이러한 편견은 성실하고 근면한 사람일수록 가지기 쉽습니다.

책임감이 강한 사람일수록 혼자서 어떻게든 현상을 극복해야 한다고 생각하며 자신의 아이디어에 대한 난도를 너무 높게 잡는 듯합니다. 하지만 비즈니스는 기본적으로 팀으로 진행합니다. **처음부터 완벽한 아이디어를 낼 필요는 없습니다.** 그보다도 아이디어의 싹이 될 만한 것을 팀에 제시하여 그것을 모두 함께 발전시켜 나가면 됩니다.

▎미국의 비즈니스 스쿨에서는 아이디어의 싹을 틔운 사람을 가장 높게 평가한다

미국의 어느 한 비즈니스 스쿨의 문제 해결을 주제로 토론하는 클래스에서는 각 발언에 점수가 매겨진다고 합니다.

무슨 내용이든 일단 발언을 하면 1점, 우수한 아이디어를 내면 2점, 그리고 어떤 아이디어를 제안해서 그것이 바탕이 되어 모든 사람을 자극한 결과 좋은 아이디어로 발전하게 되면 3점, 발전시키기 위한 아이디어를 내면 2점이라는 규칙이 있다고 합니다.

이 배점의 묘미는 주위를 자극하는 '아이디어의 싹(뒤에서 아이디어의 출발점이 되는 **발상 축**으로 설명합니다)'을 제시한 사람을 가장 높게 평가한다는 점입니다. 아이디어의 싹은 일부러 의도해서 내놓기는 어렵습니다. 그렇기에 완벽하지 않아도 또 부분적이라도 좋으니 생각난 아이디어를 팀과 공유할 것을 권합니다.

아이디어는 혼자서 전부 담당하지 않아도 됩니다. 결과적으로 팀 차원에서 좋은 아이디어를 창출해 내면 됩니다. 혼자서 역사에 길이 남을 만한 홈런급 아이디어를 낼 필요는 없습니다.

이 책의 네 번째 장에서는 혼자서 아이디어를 내는 것뿐 아니라, 팀 차원에서 아이디어를 발전시켜 좋은 아이디어로 만들기 위해 어떻게 다듬어 나가면 되는지, 그 방법에 대해서도 생각해 봅니다.

'옳은 것이야말로 정답'
이라는 편견

아이디어 발상을 방해하는 네 번째 편견은 앞서 설명한 홈런 급과 같은 '크기'가 아니라, '옳음'을 지나치게 추구하는 것입니다. 여기서는 저의 신입 시절 이야기를 소개하겠습니다.

아무리 시간이 지나도 아이디어를 내지 못하는 저를 보다 못한 선배가 어느 날 회의실로 부르더니 갑자기 이렇게 말하더군요.

"단도직입적으로 말하지. 학교 다닐 때 배운 것들은 전부 잊는 게 좋아." 갑작스러운 말에 아무 대답도 못 하는 제게 선배의 말이 이어졌습니다.

"지금까지 착한 아이로 살았을 거야. 공부도 어느 정도 하고 선생님들께 사랑도 받고 학급 임원도 했겠지." 뭐 군이 말하자면 저는 '착한 아이'였으며 학급 임원을 했던 적도 있습니다. 당연히 제가 이렇게 하면 선생님도 부모님도 좋아하시리라는 마음으로 능숙하게 행동해 온 측면도 없지는 않았습니다. 아무튼 선배의 말에 속으로 '그게 뭐 어때서?'라고 생각하는 순간 이번에는 "그런데 그런 사람일수록 처음에 실수를 많이 하더라고"라며 말을 이어 갔습니다.

무슨 소릴 하는 건지 전혀 알아들을 수가 없었습니다. 지금까지의 저를 부정당하는 느낌이 들어 화가 치밀었습니다. 그런 제 감정은 아랑곳없이 선배의 얘기는 계속되었습니다.

"왜 그런지 모르겠어? '착한 아이'였던 너는 아마도 이런 말을 하는 학생이었을 거야." 그렇게 말하면서 선배는 화이트보드에 몇 가지 말을 적었습니다.

"복도에서는 뛰어다니면 안 된다."

"친구를 괴롭히는 행동은 해서도 안 되고, 못 본 척해서도 안 되며, 용서해서도 안 된다."

"쓰레기를 함부로 버리지 마라. 학교도 거리도 항상 깨끗하게 하자."

물론 선배의 말과 똑같지는 않지만 비슷한 사고방식을 가지고 있었으며 포스터에 그런 글을 쓴 적도 있습니다. 아무 소리도 못 하는 제 앞에서 선배는 말을 이어갔습니다.

"전부 틀린 말은 아니야. 아니, 오히려 옳은 말이지. 하지만 '옳음'만으로 사람은 움직이지 않아." 선배는 어떻냐는 듯한 표정으로 저를 바라봤습니다.

"복도를 뛰어다녀서는 안 된다는 것도 친구를 괴롭혀서는 안 된다는 것도 청소를 잘해야 하는 것도 다 맞는 말이라는 건 잘 알지. 그런데 그게 잘 안되고 있다는 데 문제가 있는 것이고, 바로 그 점에 우리가 하는 일의 본질이 있다고 생각해. 이것은 카피라이팅이든 아이디어 제안이든 마찬가지고. 아무리 그럴싸한 말을 늘어놓아도, 아무리 말을 잘해도 그들을 바꾸진 못할 거야. 사람의 행동을 바꾸고자 하는 목적이 있다면 필요한 것은 옳음도 아니고 좋은 말도 아니야. 그리고 그럴싸한 말도 아니지. 정말로 사람의 행동이 바뀔 만큼 마음을 움직일 수 있어야 해." 이렇게 선배의 말은 끝났습니다.

▌마음을 움직이는 아이디어란

생각해 보면 맞는 얘기로, 사람은 '표면상의 마음'보다 '거짓 없는 속마음'에 귀를 기울이고, '옳은 일'보다는 '즐거운 일', '두려운 일', '기쁜 일', '자신에게 득이 되는 일' 등에 마음이 움직입니다. 저는 친구나 가족 앞에서는 속마음과 기분에 솔직하게 마주하고, 선생님 앞에서는 선생님이 저에게 원하고 바라는 모습이 어떤 것일지를 상상하며 착한 아이인 척 저를 바꿔가며 살아왔습니다.

사회인이 되어서도 선생님 앞에서 처신을 잘했던 저의 모습을 일에도 응용하려 했습니다. 선배들에게 혼나지 않으려고 옳은 아이디어를 내려고만 했습니다. 그런 사고에서 탄생한 아이디어가 흥미로웠을 리 없을 테고, 제가 생각해도 재미가 없었습니다. 이런 걸로 사람은 움직이지 않는다는 사실을 알았기에 아이디어를 하나도 못 냈던 것입니다.

이번 장 서두에서 언급한 제가 신입이었을 때 진행했던 패스트푸드 체인점 사례의 뒷이야기가 있습니다. 아이디어를 하나도 가지고 가지 못해 눈물을 흘렸던 제게 선배는 생각할 힌트를 주었습니다.

"패스트푸드 체인점이 껴안고 있는 문제점은 이해하고 있지?" 하고 선배가 물었습니다. "너는 불량하다고 여겨지는 현상을 그렇지 않다고 거짓말로 포장하려 했기 때문에 힘들었을 거야."

"사실 그런 거 아닌가요?" 하고 제가 반문하자 "나는 학교 선생님이 아니야" 하고 대답하더군요.

무슨 뜻이었을까요? 한동안 어안이 벙벙해 멍하니 있자 선배가 말을 이어갔습니다. "네가 봐야 할 건 내가 아냐. 과제를 똑바로 봐야지. 과제는 패스트푸드가 불량한 식품이라고 여겨져 방문객이 줄고 있는 상황을, 커뮤니케이션을 통해서 해결하는 거라고. 패스트푸드가 건강한 식품이라고 거짓말로 광고하는 게 결코 아니라고. 그렇게 파악해서 생각해 보면 어떨까?"

선배의 말을 듣고 보니 '패스트푸드가 세상에 존재해서 좋은 가치란 무엇일까'라는 접근으로 생각해 보면 아이디어의 실마리가 보일 듯했습니다. '건강한 것과 건강하지 않은 것'이라는 축이 아니라, 그 패스트푸드를 바라보는 다른 축을 제안하는 것도 생각할 수 있었습니다.

진짜 과제를 재설정하기

예를 들어 '즐거움과 재미없음'을 축으로 햄버거를 떠올려 보세요. '손에 들고 먹는다', '입가가 더러워져도 지저분해 보이기보다 맛있게 먹은 것 같아서 흐뭇하다', '밖에서 먹으면 더 맛있다'와 같이 잘 차린 음식보다 패스트푸드라서 오히려 '인정할 만한 가치'가 보이기 시작합니다. "이런 즐거운 음식은 어디에도 없다"라고 말할 수 있을지도 모릅니다. 여기서 배운 점은 사람은 옳은 말이라서 움직이는 게 아니라는 것과 더불어 **처음에 설정된 과제를 옳다고 믿을 게 아니라, 자신이 아이디어를 제공할 상대방을 똑바로 보고 진짜 과제를 재설정하는 것이 좋다**는 사실입니다. 이 점은 매일의 업무에 쫓기다 보면 소홀해지기 쉽습니다. 우리 회사의 이름을 Que라고 지은 이유도 이에 대한 경계로 삼기 위함입니다. 과제가 제시되었을 때 서둘러 답을 생각하기보다 **진짜 과제가 무엇인지를 의심하고 질문을 던져 보는 것이 '좋은 아이디어'를 창출하기 위한 지름길이기** 때문입니다.

편견을 버리기 위한 언런에는 시간이 걸린다

지금까지 아이디어를 방해하는 네 가지 편견을 설명했습니다.

첫째, '아이디어는 제로에서 탄생하는 것'이라는 편견

둘째, '자신은 창의적이지 못하다'라는 편견

셋째, '홈런급 아이디어여야만 한다'라는 편견

넷째, '옳은 것이야말로 정답'이라는 편견

이 가운데 자신에게 해당하는 내용이 있나요?

지금까지 당연하다고 생각했던 것을 바꾸기는 쉽지 않습니다. 새로운 지식을 익히는 일보다 편견을 버리기 위한 언런Un-learn(기존에 학습한 것을 의도적으로 잊고 새로운 것을 받아들이는 과정-옮긴이) 사고를 하는 데 시간은 더 걸립니다.

항간에 넘쳐나는 아이디어 관련 강의나 서적을 보다 보면 많은 사람이 강의를 듣거나 책을 읽은 후 자신도 할 수 있겠다고 생각하겠지만, 실제 현장에서 활용하려고 하면 순조롭게 진행되지 않는 일이 벌어집니다. 그 이유는 이 브레이크 페달에서 발을 뗀다는 게 하루아침에 되는 일이 아니기 때문입니다.

편의점은 아이디어 근력 훈련을 위한 체육관이다

많은 사람에게 친숙한 편의점.

저는 편의점을 아이디어 근력을 단련하는 체육관이라고 생각합니다. 좁은 공간 안에 엄선된 상품이 진열된 편의점은 온갖 상품 중에서 '살아남은' 것만이 진열되는 공간이기 때문입니다. 기본적인 상품이든 신상품이든 특정 대상에게 '팔리는 이유'가 존재합니다. 저는 아이디어 근력을 키우기 위한 훈련의 한 방법으로 한 주에 한 번 정도 '평소라면 절대 사지 않을 물건'을 한 가지 구매합니다. 그리고 그것을 먹거나, 보거나, 사용하면서 사례 공부를 하듯 혼자 분석하고 가설을 세워 보곤 합니다.

- 누가 이 제품을 살까?
- 왜 수많은 제품 중에서 이게 뽑혔을까(선반에 진열되었을까)?

예를 들면, 팩에 빨대가 붙어 있는 값싼 술이 있습니다. 마셔 보니 놀랄 정도로 빨리 취기가 오릅니다. 술이 별로 세지 않은 저는 바로 몽글몽글한 기분에 취해서 '술을 구매하는 소비자층에는 술맛을 추구하기보다 얼마나 가성비 좋게 취할 수 있는지를 중요하게 생각하는 사람들이 있는 게 아닐까' 하는 상상을 해 봅니다. 그렇다면 그런 사람들은 어떤 사람들일지, 어떤 상황에서 술을 구매하는지 등을 상상해 나가는 것입니다.

아이디어를 생각할 때 기준이 되는 것은 자신이 알고 있는 가치관입니다. 하지만 비즈니스에서는 타인에게 흥미로운 것을 제공해야 합니다. 그렇다면 자신의 가치관 바깥에 있는 '타인을 상상'해야 합니다. 그래야 아이디어의 폭을 넓히는 힘, 근력이 키워집니다.

미래의 OO을 상상해 보기

이것 말고도 편의점에서 아이디어 근력을 단련하는 방법은 더 있습니다. "미래의 ○○은 어떻게 될까?" 하고 제품을 통해 미래를 상상해 보는 방법입니다.

예를 들면, 치킨 샐러드가 당질 제한식을 실천하는 사람을 중심으로 지지 받아 라인업이 증가하는 추세인데, 앞으로 이 제품의 카테고리는 어떻게 발전해 갈까를 생각하면서 편의점에서 산 치킨 샐러드를 먹습니다. 저의 머릿속을 들여다볼까요?

"진공포장에서 쏙 밀어내어 그대로 먹으면 손이 지저분해지지 않아 좋겠지만, 그게 행복한 식사냐 하면 그렇지 않다. 하다못해 먹기 좋게 잘린 것이라면 수프에 넣거나 다른 재료와 섞어서 무치거나 하는 등 먹는 방법이 다양해질 것 같은데!"

"이미 먹기 좋게 잘린 치킨 샐러드도 있지만, 그게 주류로 팔리려면 먹는 즐거움이나 방법에 다양성을 주는 등 확산시켜 나가는 것이 좋을 것 같다."

"애초에 건강을 신경 쓰는 사람들이니, 진공포장이 아니라 더 자연적인 음식을 추구할지도 모른다. 그렇다면 어떻게 바뀌어 갈까?"

"요즘은 식물성 단백질이 대세인 것 같은데, 그렇다면 대두로 만든 제품이 많아지고 있는 걸까? 두유 말고 또 어떤 제품을 만들 수 있을까? 콩 패티 햄버거 같은 게 나와 있기는 하지만 어떤 메뉴가 중심이 되어 갈까?"

위와 같이 혼자서 여러 가지 상상을 해봅니다. 이때 중요한 것은 자기 자신이 소비자로서 느낀 점을 상상의 출발점으로 삼는 것입니다. 갑자기 조사를 시작하는 게 아니라 자신의 실감에서 시작하여 미래로 상상을 넓혀 가는 것입니다. 아이디어는 미래를 위해 만드는 것이므로, 미래에 대한 상상도 아이디어 근력을 단련하는 데 도움이 되리라 믿으며 실천하고 있습니다.

이처럼 편의점을 아이디어 근력을 키우기 위한 체육관이라고 생각하면 다양한 근력 훈련 메뉴가 만들어질 것 같습니다. 여러분도 꼭 자기 나름의 훈련법을 궁리해 보세요.

2장

아이디어를 떠올리기 위한 기초 기술

어떤 '기초 기술'을
익혀 나갈 것인가?

이 책은 자신을 보통 사람이라고 생각하는 사람이 아이디어 기술을 익힐 수 있도록 하는 것에 목표를 두고 있습니다. 그러므로 아이디어 발상법을 망라하여 전달하기보다 여러분이 실천할 수 있도록 하고자 합니다.

첫 번째 장에서는 아이디어란 문제 해결에 도움이 되는 것으로, 아이디어를 방해하는 네 가지 편견이 있음을 말했습니다. 이제 두 번째 장에서는 아이디어를 떠올리기 위한 기초 기술을 설명하고자 합니다. 여기서 전달하려는 것은 다음 두 가지입니다.

첫째, 아이디어 탄생의 기본 메커니즘

둘째, 센스가 아닌, 아이디어를 창출하는 소소한 요령

아이디어를 떠올리기 위한
기초 기술

첫 번째, '아이디어 탄생의 기본 메커니즘' 파트에서는 다른 서적이나 논문에서 언급되고 있는 원리와 구조에 대해서 살펴 보겠습니다. 그런 다음 바로 사용할 수 있는 기술인 아이디어를 창출하는 '요령'에 대해서 설명하겠습니다.

아이디어의 원리와 구조는 아는데, 막상 아이디어를 내려고 하면 머리가 굳어버린다는 사람이 많습니다. 그래서 제가 일상 적으로 사용하는 **'아이디어 분해 구축 시트'**를 소개하고자 합니다. 아이디어를 형태화해 나가는 프레임워크와 같은 것으로 빈 칸을 채워 나가다 보면 설득력 있는 아이디어를 구축할 수 있습니다. 또한, '분해 구축'의 '분해'란 기존 아이디어를 분해하는 것을 의미합니다. 어떻게 만들면 견고한 아이디어가 되는지를 배우는 데도 응용할 수 있습니다. 아이디어력 단련을 위해서라 도 꼭 사용해 보세요.

이어지는 세 번째 장에서는 제가 실천 중인 아이디어 발상법 을 소개합니다.

아이디어 탄생의
기본 메커니즘

제임스 영James Webb Young이 저술한 《60분 만에 읽었지만 평생 당신 곁을 떠나지 않을 아이디어 생산법》은 아이디어를 생산해 내는 일련의 행위에 대하여 설명한 것으로서 가장 널리 알려진 책입니다. 이 책의 초판은 1939년에 발간되었고 중간에 개정판이 나오기는 했으나, 반세기가 넘는 세월 동안 독자들의 꾸준한 사랑을 받으며 스테디셀러로 자리매김하고 있습니다. 이토록 오랜 시간이 지나도 여전히 많은 사람에게 읽히고 있다는 얘기는 아이디어의 보편적인 내용이 쓰여 있다는 증거가 아닐까 싶습니다. 다소 얇은 책이리서 읽는 데 한 시간도 재 설리지 않지만, 아이디어를 만들어 내는 방법에 관한 '진수'를 담고 있습니다.

▎아이디어 생산법을 정형화하기

광고 대행 일을 했던 저자 제임스 영은 업무 특성상 새로운 아이디어를 '계속해서' 생산해 내어야 했습니다. 그러기 위해서 그는 아이디어 생산법을 정형화합니다.

"아이디어를 창출하는 일은 자동차를 만드는 일과 마찬가지로 일정한 과정에 따라 수행하는 일관 작업이라고 할 수 있다. 그 기술을 단련하는 것이 곧 아이디어맨이 되는 비결이다"라고 영은 말합니다.

또한 애초에 우리 인간에게는 아이디어를 생산하는 재능이 있으며, 그 재능을 키우려면 **'아이디어 탄생의 원리'**와 **'아이디어를 생산하는 방법'**을 알아야 한다고 주장합니다.

▎'아이디어 탄생의 원리'란?

먼저 여기서는 제임스 영이 말하는 '아이디어 탄생의 원리'를 살펴보겠습니다. 매우 단순한 원리입니다.

> 첫째, 아이디어는 기존 요소의 새로운 조합(콤비네이션)이다.
> 둘째, 기존 요소를 새로운 하나의 조합으로 끌어내는 재능은 사물의 관련성을 발견해 내는 재능에 의존하는 측면이 크다.

제임스 영이 지적하는 아이디어란 **'기존 요소의 새로운 조합'**에 지나지 않는다는 점입니다. 이 책을 처음 읽었을 때는 사실 지극히 당연한 소리를 하고 있다는 생각에 딱히 공감이 가지 않았습니다. 그런데 시간이 지나고 나서 생각해 보니 생각하면 할수록 '그 말이 진리'라고 느껴졌습니다.

이는 첫 번째 장에서 설명한 내용과도 연관이 있는데, 제가 만나본 유능한 아티스트와 크리에이터 모두 과거의 다양한 사례를 '좋은 아이디어의 샘플'로서 자기 안에 저장하여 아카이브 Archive(소장품이나 자료 등을 디지털화하여 한데 모아서 관리할 뿐만 아니라 그것들을 손쉽게 검색할 수 있도록 모아 둔 파일-옮긴이)화하고 있다는 점에서도 알 수 있습니다. 굉장한 아이디어를 창출해 온 사람들은 지금까지 다른 사람들의 공감을 끌어낸 훌륭한 상품, 서비스의 요소, 업무와 관련 없는 것을 통해 얻은 깨달음이나 배움을 아카이브화하여 그것을 참고로 아무도 생각하지 못했던 조합으로 연결함으로써 새로운 아이디어를 창출해 냅니다.

여기서 한 가지 주의할 점이 있습니다. '기존 요소의 조합'이라고 하면 아이디어의 재정비라고 생각하는 사람이 많은데 과거의 좋은 아이디어를 그대로 가져다가 조금 바꿨을 뿐인 기획은 아이디어라고 말할 수 없다는 사실입니다. 과거의 좋은 아이디어를 모방하고 수정해서 자신의 기획으로 삼는 일은 누구나 하는 일이기는 하지만, **아이디어란 기존 요소의 '새로운 조합'**임을 명심했으면 좋겠습니다.

19세기 프랑스의 수학자이자 이론물리학자이며 과학철학자로서 저명한 앙리 푸앵카레Henri Poincaré는《과학과 방법Science et

Méthode》이라는 자신의 책에 많은 아이디어를 내는 데 필요한 것은 '**미적 직관**'이라고 서술하고 있습니다. '미적 직관'이란 '**지금까지 서로 상관없다고 여겼던 것 사이에 관계가 있음을 발견하는 일**'로 '기존 요소의 새로운 조합'과 같은 의미라고 할 수 있습니다.

이후 창조의 과정에 관한 몇 가지 모델이 발표되었는데 근간이 되는 사고방식은 바뀌지 않은 듯합니다.

▌왜 '말로 아이디어를 만든다'일까?

이 책이 전하고자 하는 메시지는 '말로 아이디어를 만든다'입니다. 왜 하필 '말'일까요? 그림이나 사진이면 안 되는 걸까요? 테크놀로지도 데이터도 아닌 '말로 아이디어를 만든다'라는 메시지에 담긴 생각은 무엇일까요? 사실 제임스 영도 말의 중요성을 말하고 있습니다.

"또 한 가지 내가 조금 더 자세히 설명해야 했던 것은 말에 관해서이다. 우리는 말 그 자체가 아이디어라는 사실을 쉽게 잊어버린다. 말은 인사불성에 빠진 아이디어라고 할 수 있다. 말을 습득하고 이해하면 아이디어는 곧잘 되살아난다."

말을 어떻게 사용하느냐에 따라 아이디어의 발상력은 물론이고 정밀도도 달라집니다. 제임스 영의 **"말 그 자체가 아이디어다"**라는 얘기도 이에 해당하지 않을까 싶은데, 그것은 언어로서 무엇을 말할 것이냐 또는 어떻게 말할 것이냐를 의식하자는 얘기일 뿐입니다. 말을 어떻게 사용해서 아이디어를 창출하고, 어떻게 구축해 갈 것인지 말을 사용하는 방법에도 아이디어를 담아야 합니다. 예를 들어, 외부 자극으로서 말을 통해 발상을 촉진하거나 아이디어를 구축해 가기 위한 워크시트를 사용하는 등 방법을 궁리하면 아이디어는 만들어 가기 쉬워집니다. 이 책에서는 이처럼 말로 아이디어를 만들기 위해 제가 생각하고 실천해 온 방법을 소개하고자 합니다.

'말로 아이디어를 만드는' 것을 중요하게 생각하는 또 하나의 이유가 있습니다. 그것은 바로 **'말로 표현해 보면 아이디어의 불완전함을 깨닫게 된다'**라는 점 때문입니다. 아이디어의 불완전함을 찾아내는 일은 견고한 아이디어를 만드는 데 필요한 과정입니다. 가령 한 개인이 머릿속에서 뭔가를 생각했을 때 '굉장히 좋은 아이디어가 떠올랐다'라고 생각했는데 막상 그것을 언어화해 보면 진부하게 느껴졌던 경험이 누구에게나 있을 법한데요. 그때 진부한 생각이라며 내다 버리기보다 '아이디어의 불완전함을 깨닫고 견고하게 다듬어 나갈 기회'로 여겨 정면으로 부딪쳐 나가는 과정이야말로 말로 아이디어를 만들어 가는 데 매우 중요하다고 생각합니다.

이는 개인뿐 아니라 팀에도 적용됩니다. 팀 차원에서 '말로 아이디어를 만든다'라는 것은 팀원 전체가 말로 아이디어를 공유함으로써 그에 대해 불완전함을 새삼 깨닫고 모두 함께 더욱 견고하게 만들어 나갈 수 있다는 말입니다. 말로 아이디어를 만들기 위해 말 사용법 자체에 아이디어를 담아 가는 것. 그리고 그 언어로 만들어진 아이디어에서 불완전함을 발견하고 개인이나 팀 차원에서 견고한 아이디어로 만들 방법을 생각해 나가는 것. 그 순환적 작용이야말로 '말로 아이디어를 만든다'라는 것의 핵심입니다.

아이디어 발상법에 앞서
'요령'부터 전달하는 이유는

아이디어에 적잖이 관심을 가졌던 분이라면 세상에 어떤 아이디어 발상법이 있는지 조사해 본 적이 있을 텐데요. 저도 아이디어 생산에 고생했었을 무렵에는 종종 조사하곤 했습니다.

KJ법, NM법, 오스본의 체크리스트법, 스캠퍼SCAMPER 기법, 5-why 분석법, 만다라트 기법(일본의 디자이너 이마이즈미 히로아키今泉浩晃가 개발한 발상 기법으로 Manda(본질, 깨달음)+La(소유, 성취)+Art(기술)의 합성어를 말함-옮긴이), 마인드맵, 브레인스토밍, TRIZ 기법, 등가 교환법, 로직 트리 기법, 육색 사고 모자 기법, 브레인라이팅, PREP 기법, 세븐 크로스 기법(주제에 관한 문제점과 의견을 7×7의 세븐 크로스 표를 사용하여 정리해 나가는 기법-옮긴이), 희망점 열거법, 결점 열거법, 특성 열거법, 고든 법, 연상(접근, 유사, 대조, 인과), 역설 설정법(아이디어를 구상할 주제에 대한 상식을 역전시켜 생각하고, 그 역전시킨 요소에서 발상의 힌트를 찾는다는 발상법-옮긴이), 리프레이밍, 안티 프라블럼 기법Anti-Problem(해결을 목표로 하는 과제와 관련해서 반대로 그 과제를 발생시켜 방법을 생각함으로써 아이디어에 막힌 상태를 해소하기 위한 비즈니스 프레임워크-옮긴이) 등.

대충 찾아봤는데도 이렇게나 많이 나옵니다. 시간이 날 때 궁금한 것에 대해 꼭 한 번 찾아보고 직접 아이디어를 창출해 보세요. 실제로 쓸 만한 게 많습니다. 어떨 때 어떤 아이디어 발상법을 사용하면 좋을지를 알아가기 위해서라도 시도와 오류, 즉 시행착오를 통해 자신에게 편리한 발상법을 발견해 보시기 바랍니다. 그렇게 실제로 사용하다 보면 궁합이 잘 맞는 좋은 도구가 발견됩니다. 또 사용하는 사이에 발상을 위한 몸풀기가 되리라 생각합니다. 그러다가 결국 어떤 상황에서도 쓸 수 있는 만능 도구로서의 발상법 같은 건 없다는 사실도 확실히 알게 될 것입니다. 그래야 발상법을 활용하거나 그것을 구분해서 사용할 줄 알게 되는 것도 중요한 기술임을 이해하게 됩니다.

제가 기존의 발상법을 기초로 응용하고 있는 사례에 대해서는 세 번째 장에서 소개하겠습니다.

┃ 아이디어에 대해서 가장 많이 하는 고민은

제가 진행하는 강의나 연수에 참여하는 분들에게 "아이디어에 대해서 어떤 고민을 껴안고 있나요?"라고 질문하면, **"아이디**

어의 양이 부족해요"라는 대답을 가장 많이 합니다.

- 애초에 무엇부터 생각하면 좋을지 모르겠다.
- 고민은 하는데 아이디어가 떠오르지 않는다.
- 아이디어가 떠올라도 전부 시시한 것 같다.
- 조급해하면 머릿속이 새하얘지면서 아무 생각도 나지 않는다.
- 미팅 30분 전쯤 되면 사고가 멈추는 것 같다.

위와 같이 아이디어가 많이 떠오르지 않는 이유는 사람마다 제각각입니다. 아이디어를 내려고 생각해도 떠오르지 않을 때 '사고가 멈춰 버린다'라고 느끼고 스트레스를 받는 것 같습니다. 그렇다면 다음 예제를 가지고 함께 생각해 보기로 하죠. 광고 회사의 연수 시에도 종종 쓰이는 방법입니다.

대기 시간이 길어 짜증 나는 회사 엘리베이터. 어떻게 하면 기다리는 사람의 짜증을 줄일 수 있을지 5분 동안 많은 아이디어를 적어 보세요. 자세히 설명할 필요는 없으며 나중에 본인이 알 수 있도록 메모를 달아두는 정도면 됩니다. 아무튼 많은 아이디어를 적어 보면 좋겠습니다.

모처럼의 기회니 잠깐 해보겠습니다.
자, 그럼 이제 5분 동안 얼마만큼의 아이디어가 나왔는지 보기로 하죠. 강의를 진행할 때는 "50개 정도 생각해 내신 분 있을까요?" 하고 먼저 묻습니다. 1분에 10개, 6초에 1개의 아이디어를 내다보면 그만한 수량이 됩니다. 이것은 꽤 속도가 빠른 것으로 어쩌면 5분간 한 번도 사고를 멈추지 않고 계속 아이디어를 냈다는 얘기가 됩니다.

50개의 아이디어를 낼 수 있다는 것은 굉장한 일입니다. 보통 연수 시에 50개의 아이디어를 낼 수 있는 사람은 없습니다. 이어서 "그럼 40개 이상 생각해 낸 분?", "30개 이상인 분?", "20개?", "10개?", "5개 이상?" 하고 차례로 묻습니다. 30개 이상도 거의 없고, 많으면 10~20개, 그다음은 5~10개라는 사람이 대부분입니다. 20개 이상의 아이디어를 낼 수 있는 사람이 좀처럼 없다는 말입니다.

이러한 결과는 사회인을 대상으로 한 강좌를 할 때에도, 대학생을 대상으로 한 강좌를 할 때에도 광고 대행사 신입 사원 연수를 할 때에도 마찬가지로 차이가 크게 없습니다.

참고로, 지금까지 제가 본 아이디어 수의 최고는 62개입니다. 어린이를 대상으로 창의력 향상을 위한 과외 교실을 운영하시는 분인데, 처음에 "아이디어를 내는 데 자신이 있는 분?"이라고 질문했을 때도 번쩍 손을 들어서 인상 깊었습니다.

그럼 과연 어떤 아이디어가 있었는지 살펴볼까요? 한 강연에서 다음과 같은 아이디어가 나왔습니다. 조금 길지만 열거해 보겠습니다.

거울 설치, 층마다 엘리베이터 안내 직원 및 의자 배치, TV 설치, 광고 내보내기, 기다린 만큼 돈을 받을 수 있도록 하기, 대기 시간 재기, 게임기 빌려주기, 커피 머신 또는 워킹 머신 설치, 고양이를 많이 두기, 강아지 키우기, 그곳에서만 할 수 있는 슬롯머신 설치, 자몽 냄새 풍기기, 유명 시인의 작품 전시, 엘리베이터 제조자의 개발 감동 일화 붙여두기, 땀 억제제 무료 비치, 사탕이나 과자 등을 제공, 1분짜리 만화 붙여 두기, 뉴스가 흘러나오도록 하기, 계단을 사용하지 못하도록 하기, 에스컬레이터 설치, 순간 이동할 수 있게 하기, 엘리베이터 대신에 미끄럼틀 설치, 절전 중이라는 안내문 붙이기, 엘리베이터 증설, 엘리베이터 속도를 빠르게 하기, 부처님 사진 붙여두기, 평온한 음악 틀어놓기, 점을 볼 수 있게 하기, 일기예보를 방송하기, 좋은 향이 나게 하기, '지금 8층이다멍~'과 같이 층수를 강아지 말로 표시하기, 훈남이 이쪽을 흘깃흘깃 쳐다보는 영상 틀기, 계단이 위험하다는 영상 제공, 영화 예고편 방영, 대기 시간만큼 무료 다운로드 가능한 스탬프나 앱 만들기, 마이너스 이온 틀기, 무료로 이용할 수 있는 자판기 설치하기 등.

이처럼 아이디어를 많이 내는 것을 **'아이디어의 확산'**이라고 부릅니다. 먼저 중요한 것은 자기 머릿속에서 '이런 건 좀 아닌 것 같은데' 하고 판단하지 말고 어쨌거나 생각이 나는 대로 적어 보는 것입니다. 브레인스토밍과 같습니다. 브레인스토밍은 그룹을 지어 논의할 때 타인의 아이디어를 부정하지 않는 것을 규칙으로 하는데, 그것을 자기 머릿속에서 실행하는 것이라 할 수 있습니다. 그렇다면 애초에 아이디어를 많이 내놓아야 하는 이유는 뭘까요? 그 이유는 **'버리기'** 위해서입니다. 앞서 열거한 아이디어를 봤을 때의 심리 상태를 떠올려 보세요. 다음과 같은 생각을 하지는 않았나요?

"와, 내 생각이랑 같은데."

"맞아. 저런 생각 할 수 있지."

그렇습니다. 5분 정도로 생각해 낸 대개의 아이디어는 누구나가 생각할 수 있는 범용의 아이디어입니다. 그렇기에 더 많이 생각하고 더욱 확장해서 아이디어를 확산할 필요가 있는 것입니다. 어떤 일이든 아이디어로 승부를 보려면 범용의 아이디어를 넘어 좋은 아이디어에 도달할 수 있도록 '남과 다른 것'을 생각하는 것이 대원칙입니다. 또는 범용의 것이라고 해도 커나갈 싹이 있는 아이디어를 가려내기 위해서는 모든 아이디어를 비축해 두었다가 확산해 나가는 것을 출발점으로 삼아야 합니다.

어떻게 하면 '많은 아이디어'를 낼 수 있을까?

이번에는 엘리베이터로 인한 짜증을 줄이기 위한 아이디어를 생각하기 시작했을 때, 머릿속을 떠올려 볼까요? 머릿속으로 '짜증의 원인'이 무엇인지와 '해결의 방법'을 생각했을 텐데요. 그것대로 나쁘지 않지만, 아이디어를 많이 내놓지 못한 사람은 이 두 가지를 머릿속에서 '동시에' 행했던 것은 아닐까 싶습니다. 이 '동시'라는 것이 아이디어를 많이 내놓지 못하는 이유일지도 모릅니다. 10개 이상 내놓지 못한 사람은 대개 동시에 생각한 경우가 많습니다.

첫째, 동시에 처리하면 아이디어 발상이 멈추기 쉽다.
둘째, 동시에 처리하면 생각이 한곳에 머물기 쉽다.

그러니 우선은 원인을 찾아내는 것이 좋습니다. 애초에 무엇 때문에 짜증이 났는지가 분명해지면 어떤 아이디어를 생각해 내야 할지도 분명해집니다. 엘리베이터가 정말 늦게 오고 버튼을 눌러도 움직일 생각을 하지 않기 때문에 짜증이 난다면 이 시간을 단축할 수 있는 아이디어가 필요합니다. 또 엘리베이터의 물리적인 대기 시간보다는 기다려야 한다고 '느끼게 하는 것'이 원인이라면 어떨까요? 그렇게 '느끼지 않도록' 하는 아이디어가 필요합니다. 이처럼 '대기 시간이 긴 엘리베이터에 대한 짜증'이라고 해도 원인 설정에 따라 내놓아야 할 아이디어가 달라집니다. 나아가 이렇게까지 설정하기에 아이디어는 더욱 내놓기 쉬워집니다.

그림 4를 볼까요? 문제가 발생하고 있는 현상과 문제가 해결된 이상적인 상태를 '분명히' 하면 현상과 이상의 차이가 명확해집니다. 이 차이가 **'과제'**입니다.

이처럼 아이디어를 떠올리기 위한 토대 만들기가 필요합니다. 이번에는 짜증이 나는 **원인의 해상도를 높여**보겠습니다. 상황에 따라서는 이를 **'과제 설정'**이라고 불러도 좋습니다. 저는 종종 **"아이디어란 A → A′를 만드는 것이다"**라고 말합니다. A가 '문제가 발생한 현상'이고, A′가 '문제가 해결된 이상적 상태'입니다. 이 시작과 끝을 먼저 명확하게 한 다음 아이디어를 생각해 나갑니다. 이 A와 A′를 명확하게 하지 않고 아이디어를 생각하면 아이디어란 뭔가 유머가 있는 것, 다소 엉뚱한 것이 아니면 안 된다는 잘못된 인식을 하게 되고 맙니다.

그림 4 | 현상과 이상의 상태 차이가 '과제'

| '과제 설정'을 통해 아이디어의 토대가 만들어진다

그렇다면 구체적으로 생각해 볼까요? 문제와 해결 방법을 분리해서 생각해 보겠습니다. 원인에 대해서는 '대기 시간이 길다'로 이미 문제 문장에 쓰여 있는데, 이대로 가져가기보다 조금 더 해상도를 높이는 편이 아이디어의 토대가 만들어질 듯합니다.

'대기 시간이 길다'라는 것은 구체적으로 어느 정도의 시간일까요? 엘리베이터 버튼을 누른 후 5분 이상 걸리면 그것은 **'물리적'으로 시간이 오래 걸린다**고 말할 수 있습니다. 그런데 사람에 따라서는 30초라도 '대기 시간이 길다'라고 느끼는 사람이 있습니다. 이 경우에는 또 다른 접근이 필요합니다.

먼저 5분 이상의 대기라고 문제를 가정해 보겠습니다. 버튼을 누른 후 실제로 엘리베이터가 오기까지 5분을 기다렸다고 하는 '물리적' 대기 시간이 긴 것 때문에 짜증이 났습니다. 문제가 해결된 이상적인 상태는 버튼을 누른 후 엘리베이터가 오기

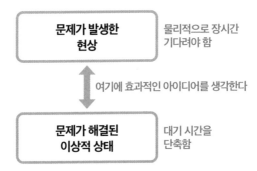

그림 5 | 둘 사이의 차이를 메울 수 있는 아이디어 생각하기

문제가 발생한
현상

물리적으로 장시간
기다려야 함

여기에 효과적인 아이디어를 생각한다

문제가 해결된
이상적 상태

대기 시간을
단축함

까지의 대기 시간을 물리적으로 단축하는 일입니다. 그러므로
생각해야 할 것은 이 둘 사이의 차이를 메울 수 있는 아이디어
입니다. 즉, **'대기 시간을 단축하기'** 위한 아이디어를 생각하면
됩니다.

물리적으로 대기 시간을 줄이는 아이디어라고 하는 순간 생
각하기가 수월해지지 않았나요? 예를 들면, 엘리베이터의 속
도를 빠르게 하는 것을 생각할 수 있습니다. 각층에서 타고 내
리는 데 시간이 걸린다고 가정하면 엘리베이터 입구를 넓히거
나, 엘리베이터 자체를 크게 하거나, 개폐 속도를 빠르게 하거
나, 마지막에 탄 사람은 닫힘 버튼을 누르도록 하는 안내 사항
을 붙이거나 등 여러 가지를 생각할 수 있습니다.

또 위층이나 아래층으로 가는 방법으로 엘리베이터 이외에
다른 수단이 없어서 짜증이 나는 것이라고 가정해 보겠습니다.
다른 수단을 이용해서라도 빨리 갈 수만 있다면 괜찮다고 생각

하는 경우 에스컬레이터를 설치하거나, 계단 사용을 장려하는 등의 대책을 생각할 수 있습니다.

생각이 떠오르면 아이디어는 전부 종이에 적어 봅니다. 순간 이동할 수 있게 하기, 미끄럼틀 설치하기와 같은 아이디어는 애초에 과학적으로 불가능하거나 사무실이 있는 빌딩에서는 무리한 아이디어일지도 모르겠습니다. 다만, 이처럼 실현 불가능한 아이디어의 단편도 남겨 두면 좋은 아이디어를 만들기 위한 재료가 될 수 있으므로 전부 적어 보는 것이 좋습니다. 엘리베이터의 대수를 두 배로 늘린다는 것도 사실은 쉽지 않은 일로 생각되는데, 실제로 이 아이디어를 실현한 예가 있습니다. 더블 덱 엘리베이터라고 해서 사전에 짝수 층에 갈 때의 출입구와 홀수 층에 갈 때의 출입구를 나눈 복층 엘리베이터가 이미 운용되고 있습니다. 엘리베이터 대수를 늘린 게 아니라, 엘리베이터를 2층 구조로 만든 것입니다(그림 6).

그림 6 | 더블 덱 엘리베이터

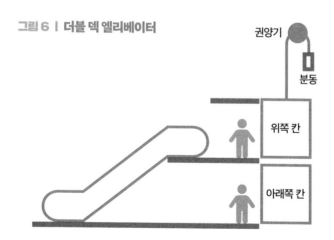

▌ '대기 시간이 길다'를 해결하는 아이디어

그렇다면 이번에는 물리적 원인이 아닌, **'심리적'**으로 대기가 **길다고 느껴지는 게** 원인이라고 설정하여 아이디어를 생각해 볼까요? 사람에 따라서는 30초의 대기 시간이라도 길다고 느낄 수 있습니다. 아무리 물리적으로 빨라지게 했더라도 이런 사람의 짜증을 줄이는 근본적인 해결안은 되지 못합니다. 28초의 시간이어도 짜증이 날 테고 20초까지 단축해도 짜증이 해결되지 않을 수 있습니다. 그렇다면 **'대기 시간이 길다고 느끼지 않도록 하면 된다'**라는 접근 방법을 생각할 수 있습니다(그림 7). 이와 관련해서는 많은 아이디어가 나올 듯합니다. 거울 설치하기, TV 모니터 설치하기, 음악 틀어놓기, 퀴즈 문제가 적힌 종이를 붙여 두기 등과 같은 것들 말입니다. '문제가 발생한 상태'를 깊이 파고들어 축을 만들어 놓으면 그때부터는 아이디어가 쑥쑥 나오기 쉬워진다는 사실을 이제 아시겠죠?

그림 7 ▌ 대기 시간이 길다고 '느끼지 않도록' 아이디어를 생각하기

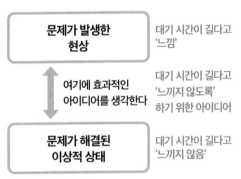

실제 현장에서도 '이 문제의 해상도를 높인다'라는 것이 매우 중요해집니다.

그렇다면 이 '문제'의 축을 어떻게 발견해 가면 좋을까요? 사물을 여러 가지 측면에서 바라보는 **'복안적 관찰'**이 필요하다고 생각합니다. 그저 모든 관점에서 사물을 관찰하자고 말해 봐야 힌트가 너무 부족할 테니, 문제 발견 방법과 관점을 견지하는 방법에 대한 힌트를 드리고자 합니다.

▌관계도 그려 보기

드라마나 영화의 등장인물 관계도를 본 적이 있나요? 누구와 누가 부부이고, 누구와 누가 친구이며, 과거에 무슨 문제가 있었고, 누가 누구에게 복수심을 품고 있느냐와 같은 것입니다. 이를 사람뿐 아니라 사물도 포함해서 관련된 것을 그려 봅니다. 그리고 관계를 연결하거나 화살표로 나타내 봅니다(그림 8). 엘리베이터에서는 '물리적으로 대기 시간이 긺', 사람에는 '대기 시간이 길다고 심리적으로 느낌', 그 밖에도 엘리베이터 버튼 상단에 '언제 올지 알 수 없음'과 같은 표시를 해도 좋을지 모르겠습니다.

또 계단을 그려 보면 어떨까요? "계단을 사용하면 이동할 수 있었을 텐데"라고 생각해서 짜증 났다면, 계단 이용을 장려하는 것도 좋은 아이디어일 수 있습니다.

그림 8 | 관계도를 그려 정리하기

▌전후 사정 등 '상황'이 어떠한지 살펴보기

주인공이 어떤 상황인지 상상해 보는 것은 어떨까요? 일시적인 상황이든 특수한 상황이든 상관없습니다. 이를테면 다음과 같습니다.

- 화장실이 무척 급한 상황에서 엘리베이터를 기다리고 있다.
- 홀이 무척 추운(또는 더운) 상태에서 엘리베이터를 기다리고 있다.
- 엘리베이터를 기다리는데 악취가 풍기는 등 환경이 열악하다.
- 지각 등에 엄격한 상사가 있다.

이러한 것들도 모두 '문제'로서 파악하면 아이디어가 나오지 않을까요? 지각해서 상사에게 혼나는 것이 짜증의 원인이라면 혼이 나지 않도록 대중교통 지연 증명서와 같은 엘리베이터 지연 증명서를 발행할 수 있게 하면 될지도 모릅니다. 여기서 중요한 점은 일반적인 컨디션이 아니라, 구체적으로 상상해서 여러 가지 상황을 적어 보는 것입니다. 그 밖에 엘리베이터의 대기 시간처럼 사소한 일에 짜증이 난다는 것은 직원의 정신 건강에도 좋지 않을 수 있다는 관점을 가질 수도 있습니다. 심리 상담사와의 상담 기회를 마련해 주거나, 사내 문화 전체를 바꿔 나가는 대처가 아이디어로서 나올 수도 있겠습니다.

▌ 시간 축 안에서 생각해 보기

시간 축으로 생각해 본다는 것은 놓치기 쉬운 관점입니다만, 미래에 대한 시간 축으로 생각해 보면 '기다려 봤자 좋을 게 없다'라는 경우도 있습니다. 이 경우에도 좀 오래 기다려도 괜찮다고 생각할 만큼의 좋은 일(즐겁고 기쁘고 재밌는)이 있다는 것으로 바꿔 생각해 볼 수 있습니다(그림 9). 장시간 기다려도 짜증나지 않을 정도의 좋은 일이라면 뭐가 있을까요? 저라면 엘리베이터 안에 마사지 서비스가 있다거나, 엘리베이터 안내 직원이 최애 아이돌이거나 하는 것을 생각해 볼 것 같습니다. 좀처럼 현실적이지는 않지만, 그런 아이디어도 포함해서 전부 꺼내 놓도록 해보세요.

그림 9 | 장시간 기다려도 짜증 나지 않는 아이디어 생각하기

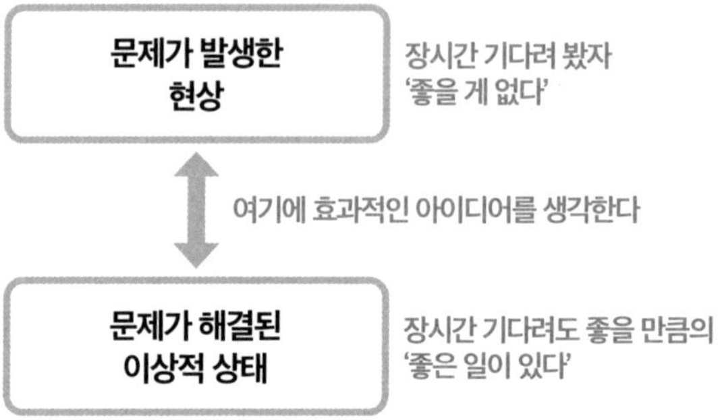

문제가 발생한
현상

장시간 기다려 봤자
'좋을 게 없다'

↕ 여기에 효과적인 아이디어를 생각한다

문제가 해결된
이상적 상태

장시간 기다려도 좋을 만큼의
'좋은 일이 있다'

'동질화의 함정'에
빠지지 않으려면

문제 발견 관점에 대해서 세 가지 정도 힌트를 제시했습니다만, 이것 말고도 있습니다. 그리고 어렴풋이 눈치채셨겠지만, 이러한 관점을 많이 가지면 가질수록 아이디어를 많이 내놓을 수 있게 됩니다. 이 문제 발견 관점에 대해서는 **'발상 축'**이라고 표현하기도 합니다. 자세한 내용은 네 번째 장에서 설명하겠습니다.

그건 그렇고 이 문제 발견과 관련해서 한 가지 고려해야 할 점이 있습니다. 앞서 서술한 엘리베이터 예는 아이디어를 많이 내놓기 위해 알기 쉬운 예제로 소개했습니다. 모두 사소한 아이디어일 수 있으나 전부 유용할 듯합니다. 하지만 이처럼 발견한 문제의 해결을 위해 차례로 탐색해 나가는 것만으로 괜찮을까요?

▎콘셉트가 있으면 문제 해결의 아이디어는 발전한다

입학 지원자가 줄고 있는 중위 수준의 사립 고등학교를 예로 들어보겠습니다. 선생님들이 모여 입학 지원자 수가 줄고 있는 상황을 타개하기 위해 문제점을 하나씩 꺼내 봅니다.

- 주변 학교와 비교할 때 교복이 촌스럽다.
- 학교에 대한 소개가 잘 전달이 안 된 것 같다.
- 다른 학교에서 시행하는 것과 같은 커리어 교육 과정 등이 없다.

이러한 문제점들의 대처는 필요한 것이기는 합니다. 예산 문제로 전부 대처하지 못할 수도 있겠지만, 가령 충분한 예산이 있어 이들 각 문제에 대응한다고 해서 전부 잘 해결될까요?

'세련된 교복에, 반짝거리는 새로운 학교 안내서, 그리고 커리어 지원도 충실한 중위 수준의 사립 고등학교'

물론 이런 것들도 나쁘지 않습니다. 어쩌면 입학 지원자가 감소하는 현상을 어느 정도 멈출 수 있을지도 모릅니다. 하지만 전국 어디에나 있을 법한 학교라고 말할 수 있을 것 같지 않나요? 적극적으로 다니고 싶다는 생각이 들 만큼은 아닌 것 같습니다.

이는 **'동질화의 함정'**이라고도 합니다. 각각의 문제를 차례로 해결해 나가는 사이에 결과적으로 동질화되어 버리는 것입니다. 동질화의 함정은 다른 여러 분야에서도 볼 수 있습니다. 예를 들어, 마을 활성화 사업을 상상하면 이해하기 쉽습니다. 돌담길, 기념품으로 개발한 과자, 상징적 캐릭터, 육아 지원 등 비슷한 접근 방식으로 인해 전국에 비슷한 마을이 많아지고 있습니다. 이 '동질화의 함정'에 빠지지 않으려면 **문제의 본질이 어디에 있고, 그에 대해 어떠한 콘셉트와 아이디어를 짜내야 하는지** 전체를 부감하면서 아이디어를 만들어 나가는 것이 중요합니다.

그럼 다시 사립 고등학교의 예로 돌아가 생각해 봅니다. 학교의 문제를 해결하기 전에, 목표로 삼을 학교의 콘셉트를 정하면 동질화에서 멀어질 수도 있을 것입니다. 예를 들어, '새로워지고 싶다는 생각에 한계는 없다'고 생각해 보면 어떨까요? '사실 더 좋은 학교에 갈 수도 있었는데'라는 마음으로 입학한 학생들이 많은 중위권 학교라면, 그들의 '새로워지고 싶다'는 바람을 끝까지 응원해 줄 수 있는 학교로 바뀌어야 졸업할 때나, 졸업한 후에도 만족도가 높은 학교로 남을 수 있지 않을까 하는 생각으로 만든 콘셉트가 필요합니다.

이러한 콘셉트가 있다면, 문제 해결책의 내용도 달라집니다. 학생들의 '새로워지고 싶다'는 생각을 한계 없이 지원하는 교육 제도는 무엇일지 생각하여, 독특한 커리어 지원 제도를 구축하는 것으로 이어질지도 모릅니다. 또한, 학교 교복도 살짝 바꾸는 게 아니라 '한계는 없다'는 측면에서 교복 본연의 기능을 근본적인 것에서부터 생각해 볼 수 있습니다.

여러분 생각은 어떤가요? **콘셉트가 있으면 그것을 축으로 문제 해결의 아이디어를 발전시켜 갈 수 있습니다.**

그럼 이제부터는 조금 더 구체적으로 제가 사용하고 있는 방법론을 설명하겠습니다.

사례 공부와 아이디어 구축에 모두
활용 가능한 '아이디어 분해 구축 시트'

이번 장의 마지막으로는 제가 자주 사용하는 아이디어 시트를 소개하겠습니다. 이 아이디어 시트에는 두 가지 기능이 있습니다. 하나는 첫 장에서 말씀드렸듯이 사례를 배우고 언어화하여 아이디어를 만들어 나가기 위한 근력을 단련하는 기능입니다. 또 하나는 같은 프레임워크를 사용해서, 어떤 문제 해결에 이바지할 아이디어를 창출하는 기능입니다. 이 프레임워크를 위해 만든 시트를 '**아이디어 분해 구축 시트**'라고 부르고 있습니다(그림 10). 사례 공부할 때도, 아이디어를 만들 때도 같은 프레임워크로 가능하다는 점이 이 시트의 장점이라고 생각합니다.

먼저 사례를 분해하여 분석할 때 사용하는 방법부터 설명하겠습니다. 사례를 수집하는 것은 중요합니다. 저는 현재도 사례

그림 10 | '아이디어 분해 구축 시트' 사용하기

아이디어 분해 구축 시트

❶ 아이디어의 제목

❷ 타깃과 과제

❸ 어떤 A → A'를 만들 것인가?

➡️

❹ 어떤 인사이트에 근거한 아이디어인가?

❺ 아이디어의 개요(결과)

공부를 계속하고 있습니다. '어떻게 응용 가능한 것'으로 만들 것이냐 하는 관점을 가지고 사례를 배워야 한다고 생각합니다. 단순히 사례를 알고 있는 것만으로는 의미가 없습니다. 그런 이유로 저는 이 시트에 좋은 아이디어라고 생각한 사례를 적어 나갑니다. 이 시트에는 아이디어를 구조적으로 파악하기 위한 여섯 개의 공간이 마련되어 있습니다. 물론 모든 사람에게 편리한 시트는 아닐 수도 있습니다만, 이를 기본으로 자신에게 맞춰 사용하기 편한 형태로 바꿔 나가면 되지 않을까 싶습니다.

▌아이디어 분해 – 어떤 생각으로 만들어졌는지 사례를 분해하여 분석하기

예를 들어, 좋은 결과를 낳은 사례이거나, 경쟁 회사의 사례이거나, 어떤 아이디어를 창출하기 위해 참고가 될 만한 사례를 발견했다고 가정하겠습니다. 이들을 분석하는 목적은 좋은 아이디어에서 발상의 힌트를 얻어 응용하기 위함이며, 경쟁사라면 그 아이디어에 대항할 수단을 얻기 위함입니다. 그러려면 아이디어의 구체적인 내용과 결과를 알기만 하는 것으로는 부족합니다. 아이디어를 생각하고 실행한 사람이 어떤 생각을 가지고 아이디어를 창출했는지 이해할 필요가 있습니다. 그러기 위해서 그 **사례를 분해하여 어떠한 생각에 근거해서 만들어진 아이디어인지 분석**해 나갑니다. 하지만 대개의 사례에서는 결과밖에 보이지 않습니다. 그 아이디어를 창출한 사람의 머릿속을 상상하기는 어렵습니다. 그래서 사례를 '분해한다'라는 접근을 취하는 게 바로 이 시트입니다. 실제로 몇 가지 사례를 이 시트에 적어 보겠습니다(그림 11).

P&G의 올웨이즈Always라는 해외에서 전개되는 여성 생리용품 브랜드의 캠페인을 다뤄보겠습니다. 'LIKE A GIRL(소녀처럼)'이라는 캠페인인데, 모르시는 분은 인터넷에서 검색해 영상을 한번 보시면 좋겠습니다. 영상을 토대로 이 시트에 정리해 보겠습니다.

먼저 '① 아이디어의 제목'에 대해서인데, 캠페인의 주최자나 캠페인의 이름 등을 기재합니다. 그와 더불어 어떤 아이디어였는지 간결하게 적습니다. 저는 '무의식적 편견Unconscious Bias을 선명하게 드러냄으로써 의식의 변혁을 꾀한다'라고 언어화했습니다. 여기서는 아이디어를 그대로 쓰지 않고, 조금은 추상도를 높여서 적는 것이 중요합니다. 'LIKE A GIRL'이 아이디어 그 자체입니다만, 그렇게 정리해 버리기보다 고정관념이나 선입관에 의해 편견과 차별이 재생산되고 있는 현상에 이의를 제기한 아이디어라고 파악함으로써 이 사례를 토대로 다른 아이디어를 창출할 수 있습니다.

저는 이 사례를 '무의식적 편견'에 대항하기 위한 시사적 사례라고 보았습니다. 그랬더니 여러 가지 가까운 주변의 사실과 현상에 응용할 수 있겠다는 생각이 들었습니다. 예를 들면, 잡무를 처리하거나 회식 때 장소를 섭외하는 등의 업무는 젊은 신입 직원이 맡는 일이라는 편견, 정시에 퇴근하는 직원은 의욕이 없다는 편견 등 우리 주변에는 자각하지 못하는 편견이나 차별이 수없이 많습니다. LIKE A GIRL과는 반대로, 분홍색을 좋아하는 남자아이가 분홍색 가방이 좋다고 하는데도 부모가 검은색이나 파란색 가방을 사주는 것도 마찬가지입니다. 이처럼 우리 주변의 자각하지 못하는 편견을 '선명하게 드러내는 아이디어'를 통해, 편견과 차별의 재생산을 멈추는 응용이 가능하다고 생각했습니다.

이어서 '② 타깃과 과제'에 대해서는 상상만으로는 몰랐던 부분도 있으므로 기획한 사람의 인터뷰나 설명된 사이트를 조사했습니다. 그랬더니 이 올웨이즈라는 제품은 30~40대로부터 압도적인 지지를 받고 있었는데, 20대 초반 여성에게는 기능적인 측면에서 우수하다고 인식되고 있으면서도 자신들과 같은 젊은 층의 브랜드라는 인식은 가지고 있지 않고 '조금 거리감이 있는 브랜드'라고 여기는 듯했습니다. 그래서 젊은 층이 '자신들의 브랜드'라고 인식하도록 해야 할 과제가 생겼고, 브랜드가 지닌 가치관을 전달하는 캠페인을 진행했습니다.

▌어떤 A→A'를 만들 것인가?

여기서부터는 구체적인 아이디어를 분해해 보겠습니다.

'③ 어떤 A → A'를 만들 것인가?'라는 부분에는 아이디어에 의해 무엇을 어떻게 바꿀 것인가를 기재합니다. 개인을 대상으로 하기보다도 '사회'를 어떻게 바꾸고자 하는가가 강한 것 같아 그림 11의 시트와 같이 정리했습니다. 그리고 그 'A → A'의 사이에 '④ **어떤 인사이트에 근거한 아이디어인가?**'라는 항목이 있습니다. 이 인사이트(통찰)는 다섯 번째 장의 '좋은 아이디어란 무엇인가?'에서 자세히 언급하겠습니다만, 다음과 같이 정의했습니다.

인간의 행동이나 태도의 밑바탕에 있는 속마음이나 핵심 등의 '깨달음'.

이 사례에서의 '소녀처럼'이라는 편견은 남성뿐 아니라, 편견의 대상이 된 여성 안에도 존재한다는 인사이트의 발견이 아이디어의 핵심이 되고 있다고 파악했습니다.

▌스스로는 깨닫지 못했던 관점을 알 수 있다

마지막 항목은 '⑤ **아이디어의 개요(결과)**'입니다. 저는 다음과 같이 적었습니다.

"어른과 아이 각각에 '소녀처럼 ○○하라'는 질문을 했더니 큰 차이가 나타났다. 여자아이는 자신이 가지고 있는 최대한의 힘을 발휘하는 데 반해 어른 남성과 여성, 남자아이가 표현하는 '소녀처럼'은 왠지 모르게 어설프고 자신감 없는 모습이 포함되어 있었다. 이렇게 해서 타인이 무의식중에 가지고 있는 편견을 드러냈다. 그리고 여성의 대개가 사춘기에 자신감을 잃는 것에 대해서 사회 전체가 그것을 깨닫고 어떻게 권리 강화를 해나갈

그림 11 ㅣ '아이디어 분해 구축 시트'를 사용하면 기획자의 머릿속을 '분해'할 수 있다

아이디어 분해 구축 시트

❶ 아이디어의 제목

무의식적 편견을 선명하게 드러냄으로써 의식의 변혁을 꾀한다.

P&G의 브랜드 올웨이즈가 개최한 'LIKE A GIRL' 캠페인

❷ 타깃과 과제

20대 초반 여성들에게 이미 전달된 기능적인 측면과 더불어
정서적 참여를 증가시키고 싶다는 과제.

❸ 어떤 A → A'를 만들 것인가?

'소녀처럼'이라는 말에
무의식적 편견을 지닌 사회.

➡ 사춘기 소녀에게
권한을 부여하여 각자가
자신감을 가질 수 있는 사회.

❹ 어떤 인사이트에 근거한 아이디어인가?

'소녀처럼'이라는 말에는 무의식적 편견이 있다. 예를 들면, 달리기가 느리고
운동을 못 하는 사람. 하지만 정말 그럴까? '소녀처럼'이라는 세상의 편견에
사로잡혀 '자기답게' 행동하지 못하는 여자아이도 있는 것은 아닌지?

❺ 아이디어의 개요(결과)

어른과 아이 각각에 '소녀처럼 ○○하라'는 질문을 했더니 큰 차이가 나타났
다. 여자아이는 자신이 가지고 있는 최대한의 힘을 발휘하는 데 반해서 어른
남성과 여성, 남자아이가 표현하는 '소녀처럼'은 왠지 모르게 어설프고 자신
감 없는 모습이 포함되어 있었다. 이렇게 해서 타인이 무의식중에 가지고 있
는 편견을 드러냈다. 그리고 여성의 대개가 사춘기에 자신감을 잃는 것에 대
해서 사회 전체가 그것을 깨닫고 어떻게 권리 강화를 해나갈 것인지 문제를
제기했다.

아이디어를 떠올리기 위한
기초 기술

것인지 문제를 제기했다."

위와 같이 프레임워크에 작성해 보니 기획한 사람이 아이디어 창출에 어떻게 접근했는지 어렴풋이나마 보이기 시작했습니다. 즉, '아이디어 분해 구축 시트'를 사용하면 **기획을 진행한 사람의 사고 프로세스(머릿속)를 '분해'하면서 추적해 볼 수 있다**는 말입니다.

이 시트를 사용한 아이디어 분해를 '모두 함께' 해보기를 추천합니다. 기획자가 아닌 한 사례 분석의 정답은 알 수 없기에, 상상을 넓힐수록 사례를 통한 배움이 널리 퍼집니다. 같은 사례를 모두 함께 분석함으로써 스스로는 가지지 못했거나 깨닫지 못했던 관점을 알 수 있으며 하나의 사례에서 배우는 것도 많아집니다.

또한, 팀 구성원의 기호와 사물을 보는 방법과 같은 버릇도 알 수 있습니다. 그것은 아이디어를 제시했을 때 어떤 관점에서 아이디어를 생각했는지 아는 실마리가 되므로 팀의 리더도 포함해서 '모두 함께' 실행하면 좋겠습니다.

아이디어 구축: 써넣기 쉬운 부분에서부터 써넣어 아이디어를 구축하자

이어서 이 시트를 사용해서 아이디어를 창출해 가는 방법을 소개하겠습니다. 이 시트를 사용해서 아이디어를 창출해 갈 때는 어디서부터 작성하든 상관없습니다. 채워 넣기 쉬운 부분부터 시작하는 것이 핵심입니다. 예를 들어, '인구 감소 지역의 인구 감소를 멈출 아이디어'를 생각해 볼까요? 먼저, 채우기 쉬운 부분은 '② **타깃과 과제**'입니다. 가령 '인구 증가를 목적으로, 양육 세대의 인구 유입이나 관광 등을 통한 교류 인구 증가 방책이 주변 지역과 비교하여 열세하다는 점에서 산촌 유학(집단생활이나 자연 체험 등 체험의 축적을 목적으로 한 교육 제도로 도시지역 초·중학생들이 장기간 부모 품을 떠나 자연이 풍요로운 농촌이나 산촌, 어촌에서 생활하는 것을 말함-옮긴이)을 온 학생들을 타깃으로 삼는다. 앞으로 어떻게 해서 그들을 교류 인구 및 유입 인구의 증가로 연결해 갈 것이냐 하는 과제'라는 식으로 기재합니다 (그림 12).

다음은 이 타깃이나 과제에 대해서 '③ **어떤 A → A´를 만들 것인가?**'를 채워 나갑니다. A에는 '산촌 유학생은 그저 학창 시절을 보내는 장소로 생각하고 있다'라는 식으로 산촌 유학을 온 학생의 현상에 대한 인식을 적습니다. 그리고 A´에는 '산촌 유학을 했던 장소에 사회인으로서 다시 찾아와 자리를 잡고 산다'라는 이상적인 상태를 적습니다. 그리고 이 이상적 상태를 만들려면 '④ **어떤 인사이트에 근거한 아이디어인가?**'가 필요한지를 생각합니다.

이를 앞서 서술한 예에 따라 적어 보면 '중학교나 고등학교에서 '배움의 목적'을 찾은 사람은 대학에서 주체적인 배움을 실천하고 처음에 품었던 과제를 해결하기 위해 노력해 간다고 하는 인사이트에 근거하여 산촌 유학 중 지역의 과제를 공유해 과제 해결을 위한 실천의 장을 만든다'라는 아이디어가 됩니다.

이 인사이트의 가설은 배움의 목적을 묻는 AO 입시(Admission Office 입시의 줄임말로 학교가 학생에게 요구하는 기준에 부합하는지를 기준으로 합격 여부를 결정하는 입시 방식으로 현재는 종합형 선발로 명칭이 바뀜-옮긴이)의 유용성을 설명한 선행연구 등에 의해 어느 정도는 신뢰할 만한 것이 될 것 같습니다.

다음은 '⑤ **아이디어의 개요(결과)**' 부분을 채워 보겠습니다. 다소 비현실적일 수 있지만, 다음과 같은 아이디어와 결과가 있지 않을까 하고 상상하면서 시트를 채워 나갑니다.

'산촌 유학을 온 학생을 대상으로 한 사람에 하나씩 '지역이 껴안고 있는 과제'를 제시함으로써 그 과제를 탐구하고 아이디어를 생각하여 주변을 끌어들이면서 실행해 가는 경험을 하게 만든다. 산촌 유학 중인 학생은 한 사람의 아이디어를 기점으로 지역을 바꿔 나갈 수 있다는 자기 효능감을 얻게 되고, 더불어 현재 자신의 부족함과 미숙함을 깨닫고 대학에 들어가 더 공부한다. 그 후 배움을 실천할 장으로서 산촌 유학을 했던 곳으로 돌아와 지역사회 활성화를 위해 힘쓰는 인재가 된다.'

마지막으로 이 아이디어에 이름을 붙입니다. '① **아이디어의 제목**' 칸에 최대한 간결하게 기재하면, '산촌 유학생이 유학 생활 중 지역의 문제 해결을 함께 생각해 나감으로써 지역사회 활성화를 위한 인재가 되어 돌아온다는 아이디어'가 됩니다.

시트에 정리하면 그림 12와 같습니다.

정리해 보면 꽤 설득력 있는 아이디어로 보입니다. 그리고 이 시트를 기초로 한층 더 발전한 실천 아이디어가 탄생할 듯도 합니다.

아이디어 분해 구축 시트는 자신의 아이디어를 다른 사람에게 전달할 때도 유용합니다. 어떠한 구조로 아이디어를 생각했는지 전달하기 쉬우므로 아이디어 논의가 쉬워지고, 협동을 통해 아이디어를 발전시켜 나갈 때도 도움이 됩니다.

저는 아이디어 분해 구축 시트를 지방자치단체의 홍보 및 기

그림 12 | 아이디어에는 이름을 붙이는 것이 중요

아이디어 분해 구축 시트

❶ 아이디어의 제목

> 산촌 유학생이 유학 생활 중에 지역의 문제 해결을 함께 생각해 나감으로써 지역사회 활성화를 위한 인재가 되어 돌아온다는 아이디어.

❷ 타깃과 과제

> 인구 증가를 목적으로, 양육 세대의 인구 유입이나 관광 등을 통한 교류 인구 증가 방책이 주변 지역과 비교할 때 열세하다는 점에서 산촌 유학을 온 학생들을 타깃으로 삼는다. 앞으로 어떻게 해서 그들을 교류 인구 및 유입 인구 증가로 연결해 갈 것이냐 하는 과제.

❸ 어떤 A → A'를 만들 것인가?

> 산촌 유학 장소는 그저 학창 시절을 보내기 위한 곳으로 여겨지고 있다.

> 산촌 유학을 했던 장소에 사회인이 되어 돌아와 자리를 잡고 산다.

❹ 어떤 인사이트에 근거한 아이디어인가?

> 중학교와 고등학교에서 '배움의 목적'을 찾은 사람은 대학에서 주체적인 배움을 실천하고, 처음에 품었던 과제를 해결하기 위해 대처해 나간다고 하는 인사이트에 근거하여 산촌 유학 중에 지역의 과제를 공유하고 함께 해결해 나가기 위한 실천의 장을 만든다.

❺ 아이디어의 개요(결과)

> 산촌 유학을 온 학생들을 대상으로 한 사람에 하나씩 '지역의 과제'를 제시함으로써 그 과제를 탐구하고 아이디어를 생각하여 주변을 끌어들이면서 실행해 가는 경험을 하게 만든다. 산촌 유학 중인 학생은 한 사람의 아이디어를 기점으로 지역을 바꿔 나갈 수 있다는 자기 효능감을 얻게 되고, 더불어 현재 자신의 부족함과 미숙함을 깨닫고 대학에 들어가 더 공부한다. 그 후 배움을 실천할 장으로서 자신이 산촌 유학했던 곳으로 돌아와 지역사회 활성화를 위해 일하는 인재가 된다.

획 관계자를 대상으로 한 연수에서 사용했던 적이 있습니다. 그때 다음과 같은 주제를 제시하고 아이디어를 모집했습니다.

"이 지역에서 새로운 '축제'를 만들고자 합니다. 당신이 관심 있는 주제로 자유롭게 생각해 보세요. 어떤 타깃의 어떤 과제에 대해서 어떻게 이바지하는 축제가 될지 '아이디어 분해 구축 시트'를 활용하면서 생각해 보기로 하겠습니다"라는 것이었습니다.

여러분은 그 결과가 어땠을 것 같나요? 20분밖에 시간을 주지 않았음에도 재밌는 아이디어가 잇달아 나왔습니다. 참가자에게 물어보니 "지금까지 막연하게 생각했던 것들을 구조적이고 설득력 있는 아이디어로 만들 수 있었다"라는 답변이 돌아왔습니다.

이 예를 통해 설명하면, 아이디어는 이미 개개인의 머릿속에 존재한다는 얘기가 됩니다. 그것을 어떻게 말로 표현하고 어떻게 형태로 만들어 갈 것이냐 하는 도표가 있다면 아이디어를 형태로 만드는 것이 쉬워집니다. 문제의식도 있고 충분히 문제 해결에 대한 사고가 깊어졌을 때 비로소 이 아이디어 분해 구축 시트를 활용하는 것입니다. 백지상태의 시트를 부록으로 첨부하니 복사해서 사용하면 좋겠습니다.

눈앞의 과제를 '어떻게 해결해 나갈 것인가?'

아이디어를 만들 때 중요하게 여기는 것에 대해서 말씀드리고자 합니다. 그것은 바로 눈앞의 과제를 '어떻게 해결해 나갈 것인가?'라는 점입니다. 저는 특히 게으른 인간이므로 해결해야 할 과제를 껴안고 있으면서도 좀처럼 움직이지 못하는 일이 많습니다. 해야 한다는 걸 알기에 기분이 나빠지거나 스트레스가 쌓이는 일도 일상다반사입니다. 쉽게 말해서 좀처럼 '의욕'을 통제하고 조절하지 못했습니다.

그런 제가 달라진 계기는 어느 날 읽게 된 한 시인의 인터뷰 기사였습니다. 자세하게는 기억나지 않지만, "선생님은 어떻게 시를 만드시나요?"라는 질문에 답하는 내용이었습니다. '머릿속에 명확한 이미지를 만들어 놓고 단번에 쏙쏙 써 내려가겠지' 하고 상상했는데 시인의 대답은 달랐습니다.

먼저 컴퓨터의 전원을 켜고 텍스트를 쓸 소프트웨어를 구동시킨 다음 "시의 시작이 될 만한 말이 한 줄이나 반 줄 정도 완성되면 그제야 시작할 수 있다"라고 했습니다. 천재로 보이는 사람도 '아이디어의 전체상이 떠올라서 시작하는' 게 아니구나, 일단 시작하는 것이 중요한 것이구나 하는 사실을 그제야 비로소 알았습니다.

이 책을 통해서 쭉 "사고를 멈추지 않는 것이 중요하다"고 말했듯, 아이디어를 만들 때도 우선은 뭐든 상관없이 '떠오른 생각을, 손을 움직여 말로 만드는' 행동을 시작하기로 마음먹었습니다. 의욕이 안 생길 때도 일단은 손을 움직여 보기로 했습니다. 그것이 두 번째 장에서 말한 '아이디어 분해 구축 시트'와 세 번째 장에서 소개할 '아이디어 발상법'입니다. 무조건 일단은 머리를 움직이고 손을 움직여 보는 것입니다.

뇌과학적으로도 의욕은 기다린다고 저절로 생기는 것이 아니라고 합니다. 뇌가 움직이기 시작해야 비로소 의욕이 생긴다고 합니다. 의욕을 일으키기 위해서라도 끙끙 앓는 소리만 내기보다 머리와 동시에 손도 움직여 보는 것이 좋습니다. 여건을 갖추는 것에서부터 시작해도 좋고 무작위로 가설을 세우는 것에서부터 시작해도 좋습니다. 아이디어를 떠올리는 가장 큰 비법은 움직이기 시작하는 것입니다. 말은 이렇게 하면서도 여전히 제대로 실천하지는 못하고 있지만 말이죠.

아이디어를 떠올리기 위한
기초 기술

3장

아이디어를 떠올리기 위한 응용 기술

아이디어 발상의
가속 페달이 되는 기술

앞장에서는 아이디어를 떠올리기 위한 기초 기술로 아이디어 탄생의 구조, 즉 '문제'와 '해결'을 나누어 생각해 보았고, 아이디어 분해 구축 시트에 관하여 설명했습니다.

이번 장에서는 **'아이디어 발상의 가속 페달이 되는 기술'**을 설명하겠습니다. 앞장에서도 말씀드렸듯이 세상에는 많은 아이디어 발상법이 있습니다. 하지만 누구나 사용할 수 있고 어디에나 응용 가능한 '만능의 아이디어 발상법'은 없습니다. 또한, 마케팅의 프레임워크와 같이 그 프레임을 반드시 지켜야만 하는 것도 아닙니다. 자신의 목적이나 취향에 맞게 설정하여 활용하기 좋은 아이디어 발상 도구를 갖추면 됩니다.

지금부터 소개할 내용은 제가 종종 사용하는 아이디어 발상법입니다. 참고로 삼으면 좋을 것 같습니다.

위인 브레인스토밍:
아이디어가 막혔을 때는 위인의 힘을 빌리자

혼자서 아이디어를 생각하다 보면 생각이 같은 곳을 뱅뱅 맴도는 경우가 있습니다. 그럴 때 저는 종종 이런 생각을 합니다.

'누가 내 얘기 좀 들어줬으면 좋겠다. 이 막연한 생각을 정리해 줄 사람 어디 없으려나? 솔직한 바람은 단순히 생각을 정리하는 것에 그치지 않고 새로운 관점을 제시해 줄 사람이면 좋겠는데.'

그러다 문득 시계를 봅니다. 밤 11시가 넘었습니다. 늦은 시간이라 누군가에게 연락할 수는 없고, 브레인스토밍하고 싶다는 생각이 간절해지는 일이 종종 있습니다. 그래서 생각해 낸 방법이 **'위인 브레인스토밍'**입니다. 방법은 매우 간단합니다.

▎'위인의 이름' + '명언'으로 검색

인터넷 브라우저 검색 화면에 '위인의 이름'과 '명언'을 입력하기만 하면 됩니다. 그러면 명언을 정리해 놓은 사이트가 쭉 화면에 나타나는데, 저는 이것을 '브레인스토밍 자리에 위인을 소환한다'라고 표현합니다. 위인 브레인스토밍의 장점은 스스로는 도저히 생각하지 못할 것 같은 시사점이나 참신한 관점을 얻을 수 있다는 사실입니다. 그래서 아이디어를 생각하는 시작 단계가 아니라, '어느 정도 아이디어를 내놓은 후'에 사용하면 좋습니다. 혼자 생각하기 시작해서 나름의 아이디어가 나오긴 했는데, 생각이 더는 앞으로 나아가지 못하고 제자리를 맴도는 사고 정지 상태가 되었을 때 효과를 발휘합니다. 지금까지 꺼내 놓은 아이디어를 한층 더 넓히거나 다른 관점에서 생각해 볼 수 있도록 힌트를 제공해 줍니다.

이번 주제는 '인기가 시들해진 온천 시가지 재활성화 방안'을 위한 아이디어 생각하기입니다. 혼자서 여러 가지 아이디어를 생각해 봤지만, 아직 "이거다"라고 말할 만한 아이디어에 도달하지 못한 상태입니다. 이 난관을 헤쳐 나가는 데 필요한 관점을 늘 제공해 주는 아인슈타인 선생님을 모셔보겠습니다.

인터넷으로 '아인슈타인 명언'이라고 검색하여 사이트가 나타나면 명언이 정리된 페이지를 엽니다. 그리고 열거된 명언을 위에서부터 차례로 읽어나갑니다. 이 위인 브레인스토밍을 할 때의 제 머릿속을 들여다보겠습니다. 위인 브레인스토밍을 할 때 중요한 것은 취사선택입니다. 모든 명언이 도움이 되지는 않습니다. 그래서 제가 어떤 식으로 취사선택하는지 마음속 중얼거림도 섞어서 전해 드리겠습니다.

중요한 것은 질문을 멈추지 않는 것이다.
호기심은 나름대로 존재하는 이유가 있다.
The important thing is not to stop questioning.
Curiosity has its own reason for existing.

이 명언은 어떤가요? 온천 시가지와 관련해서 브레인스토밍하고 싶은데 초점이 살짝 빗나간 것 같기는 하지만 상대는 위인입니다. 최대한 상대방의 말을 이해하려고 노력합니다. 위대한 인물의 말일수록 시사하는 바가 크니까요. 어쩌면 이 말도 나를 이끌어주려고 하는 말임이 틀림없습니다. 애초에 나는 이 온천 시가지의 재활성화에 대해서 어떤 의문을 가지고 있을까? 관광객 타깃 설정과 관련해서, 아니면 숙박시설의 기능에 대해서, 그도 아니면 오래된 가게가 즐비한 온천마을을 70~80년대의 정서가 물씬 풍기는 복고적인 분위기의 마을이라고 바꿔 생각해 볼 수는 없을까? 좋은 시사점을 얻을 수 있을 것 같습니다만, 하나의 명언에 너무 많은 시간을 할애한다면 시간이 아무리 많아도 부족합니다. 잘 모르겠다 싶을 때는 바로 다음 명언으로 넘어갑니다.

천재는 노력하는 범재를 말한다.

A genius is an ordinary genius who works hard.

네. 좋은 말이네요. 개인적으로 받아두겠습니다. 다음!

나는 미래에 대해 생각하는 법이 없다. 어차피 곧 닥치니까.

I never think of the future. It comes soon enough.

죄송합니다. 지금 제가 하는 일은 앞일을 생각해야 하는 일이라서. 다음!

하나님은 언제나 공평하게 기회를 주신다.

God at any time it will impartially given the opportunity.

네, 다음!

한눈에 보기에도 터무니없는 아이디어가 아니라면 그것에 대한 희망은 없다.

If at first the idea is not absurd, then there is no hope for it.

앗! 이 말은 감사히 받겠습니다. 그리고 죄송합니다. 지역 활성화와 관련한 일은 지자체를 비롯해 여러 관계자가 많은 탓에 저

도 모르게 그만 '옳은' 답이 뭘까에 너무 초점을 맞춰 생각했나 봅니다. 지금까지의 아이디어는 온통 옳은 것에 초점이 맞춰진 것 같습니다. 온천 시가지와는 거리가 멀어 보이는 것과의 조합부터 생각해 봐야겠어요. '아이돌 A × 온천지', '노래방 주점 × 인바운드', '화살 과녁 × 온천 만두', '노천탕 × 조명 장식' 등. 모두 핵심을 포착하지는 못한 것 같다는 생각이 들지만, 아이디어 발상이 조금은 가벼워진 것 같습니다. 그럼 이어서 봅시다.

중요한 것은 계속해서 자신에게 의문을 제기하는 것이다.
What's essential is to keep questioning oneself.

알고 있습니다. 잘 알고말고요. 저 혼자서는 한계가 있어서 이렇게 아인슈타인 선생님과 브레인스토밍하고 있잖습니까? 그런데 온천 시가지 입장에서 본질적인 의문이라든가 문제 해결은 뭘까요? 궁극적으로는 저 같은 외부 컨설턴트가 없어도 활성화가 지속되는 상태를 만들 수 있어야 한다고 생각하는데, 그러려면 뭐가 필요할까요?

지성적인 바보는 뭐든지 더 크게, 더 복잡하게, 더 대단하게 만들 수 있다. 그러나 그 반대로 만들려면 천재의 손길, 그리고 많은 용기가 필요하다.
Any intelligent fool can make things bigger, more complex,

and more violent. It takes a touch of genius — and a lot of courage — to move in the opposite direction.

이것은 너무 어렵게 생각하지 말라는 뜻이겠죠? 음. 애초에 제가 잘하는 것이나 좋아하는 것으로 이 지역에 공헌할 수는 없을지, 예를 들면 제가 잘하는 '아이디어 교육 × 온천'에서 출발해서 관광 종사자들 모두가 아이디어를 낼 수 있도록 하면 어떨까 하는 생각도 드네요. 단순하지만 의외로 그런 길이 있을지도요. 감사합니다, 아인슈타인 선생님. 깨달음을 주셔서. 그럼 이제 기획서를 정리해 봐야겠습니다.

위와 같은 식으로 위인 브레인스토밍은 밤새 이어집니다. 지금까지 위인과 브레인스토밍하는 저의 머릿속을 묘사해 보았습니다. 이미지가 머릿속에 그려지나요?

중요한 점은 상대방의 말에 대해서 '매우 고마운 말이다'라는 전제로 자신이 현재 껴안은 문제에 어떤 시사점을 주려고 하는지를 곰곰이 생각해 보는 것입니다. 위대한 선생님이므로 직접 답을 말해주지는 않습니다. 시사하는 바가 너무 많아서 무슨 소리인지 모를 수도 있겠으나 그것도 자신의 역량이 부족한 탓이겠거니 해야겠습니다. 아무튼 위대한 선생님의 말씀에서 얼마만큼 아이디어를 넓힐 수 있을지가 중요합니다.

┃ 100개의 명언 중 단 하나에서만이라도 큰 시사점을 얻으면 그것으로 충분하다

또 하나 중요한 점은 사고를 멈추지 않는 것입니다. 상당히 고심해서 물어도 초점이 빗나간 말씀뿐인 경우가 있습니다. 그럴 때는 하나의 명언에 시간을 들이지 말고 다른 명언으로 옮겨가는 것이 좋습니다. 100여 개의 명언 중 단 하나에서만이라도 커다란 시사점을 얻을 수 있다면 그것으로 충분하다고 할 정도의 마음으로요. 게다가 그 위인의 명언이 모두 주제와 맞지 않다면 브레인스토밍 상대방을 망설이지 말고 바꿔야 합니다. 위인은 이미 세상을 떠나신 분이 많으므로 브레인스토밍 상대를 교체한다고 해서 크게 기분 나빠할 일도 없으니 그 부분은 너무 배려하지 않아도 괜찮습니다.

피카소, 윈스턴 처칠Winston Churchill, 마더 테레사Teresa, 니체Nietzsche, 아리스토텔레스Aristoteles, 아쿠타가와 류노스케芥川龍之介, 나폴레옹Napoleon, 사카모토 료마坂本龍馬, 링컨Lincoln 등. 브레인스토밍의 상대가 되어 줄 위인은 많습니다.

참고로 잘 맞는 브레인스토밍 상대를 좀처럼 찾지 못해서, 긴급한 경우라면 '○○ 명언'과 같이 생각해야 할 영역으로 범위를 좁혀서 검색하면 됩니다. '비즈니스 명언'이라면 위대한 경영자나 저명한 비즈니스 인물이 달라붙어 브레인스토밍의 상대가 되어 주는 것과 같습니다.

이번에 제가 생각했던 온천 시가지처럼 '마을 활성화 사업'과 관련해서는 어떨까요? '마을 활성화 관련 명언'으로 검색해도 명언이 정리된 사이트는 나오지 않을 테지만, 생각에 도움을 주는 명언이 몇 가지 나오기는 합니다.

"마을 만들기는 곧 사람 만들기다."
  – 공익재단법인 릿쿄 코코로자시주쿠立教志塾

"점이 이어져 선이 되고, 선이 이어져 면이 된다."
  – 스티브 잡스Steve Jobs

"돈을 남기고 죽는 자는 하수다. 업적을 남기고 죽는 자는 중수다. 사람을 남기고 죽는 자는 고수다."
  – 고토 신페이後藤新平

"어두우면 백성은 따라오지 않는다."
  – 사카모토 료마坂本龍馬

"경제 없는 도덕은 잠꼬대이고, 도덕 없는 경제는 범죄다."
  – 니노미야 손토쿠二宮尊徳

어떤가요? 앞서 예를 든 온천 시가지 재활성화 아이디어가 조금은 부풀지 않았나요? 이 위인 브레인스토밍은 받아들이는 자기 자신의 기량에 따라 크게 달라지는데, 온갖 문제에 사용할 수 있습니다.

하지만 가장 효과를 발휘하는 것은 미래를 구상할 때입니다. 그러므로 목적이나 비전과 같은 경영의 미래상을 그릴 때나 사업 콘셉트와 같은 사업의 미래를 구상할 때 꼭 사용해 보세요. 우리는 일을 생각할 때 근시안적인 생각을 하기 쉽습니다. 위대한 선생님들은 그런 우리에게 활력을 불어넣어 줍니다.

이상으로 '위인 브레인스토밍'을 소개해 봤습니다. 이처럼 이번 장에서는 제가 어떻게 아이디어 발상법을 사용하고 있는지 사례를 토대로 소개해 나갑니다. 설명하자면 이 위인 브레인스토밍은 뒤에서 소개할 '강제 발상법'에 가깝습니다. 더불어 봐 주시면 좋겠습니다.

나 홀로 워크숍: 진행자 겸 참여자가 되어 상상 워크숍 개최하기

아이디어가 요구되는 기회는 갑자기 찾아옵니다. 준비가 되어 있다면 거침없이 아이디어를 낼 수 있겠지만, 전제 지식도 없고 뭐부터 생각하면 좋을지 모르는 상황도 사실 적지 않습니다. 예를 들어, B2B 제조사에서 품질 방침을 어떻게 만들고, 어떻게 운용해 나가야 하는지와 같은 영역의 상담을 해오는 경우가 있습니다. 갑자기 연구소에 불려가 "이런 새로운 발명을 했는데 여기에 뭔가 아이디어를 더해서 상품화할 수는 없을까요?" 하는 질문을 받은 적도 있습니다.

여러분은 어떠신가요? 상사가 "이런 걸 생각해 보고 싶은데" 하고 예상치 못한 제안을 하거나 "신상품 기획서 좀 작성해 주면 좋겠는데" 하고 갑자기 부탁하는 일은 없었나요? 그런 부탁을 받았을 때 맨 처음 무엇을 하나요? 책상 앞에 앉아 PC를 켜서 나도 모르게 검색부터 하고 있지는 않나요? 아마 대부분의 사람이 그럴 것입니다. 그런데 그것이 유일한 옳은 방법인지 의문입니다. 검색하면 유사한 상품도 보일 테고, 경쟁사에 대해서도 알 수 있으며, 지금의 트렌드도 알 수 있을 테지만, 그전에 그 이야기를 막 들었을 때 일반 고객에 가까운 '아마추어'라면 기회가 될 수도 있습니다. 어쩌면 지식을 머릿속에 넣어 버린 후에는 알아차릴 수 없는 아이디어의 힌트를 발견할 수 있을지도 모릅니다. 검색은 언제든 할 수 있습니다. 그렇기에 선입관이 전혀 없는 초동 단계에서 도전할 수 있는 아이디어 창출 방법은 없을까를 지금까지 모색해 왔습니다.

그래서 두 번째로 소개할 것은 지금까지 관여해 본 적 없는 새로운 분야를 생각할 때 했던 '나 홀로 워크숍'입니다. 워크숍이라고 거창하게 이름을 붙이기는 했지만, 기본적으로는 자신의 머릿속에서 모든 것이 완결되므로 책상 앞이 아니라 카페나 레스토랑 때로는 혼술을 즐기면서 하기도 합니다.

▎순서 ① 워크시트 만들기

맨 처음에 워크숍을 설계합니다. 자주 하는 것은 워크시트를 만들어 '이것을 채우면 기획이 완성되는' 빈칸 채우기 문장을 만드는 방법입니다. 이 워크시트를 잘 만들 수 있을지 없을지가 나 홀로 워크숍의 핵심입니다. 기본형으로는 그림 13과 같이 **'과제+수단+목적+1차 성과+2차 성과'**라는 5가지 빈칸 채우기가 되도록 하는 것이 좋습니다. 문장으로 하면 '[과제]에 대해서 [수단]을 통해 [목적]이라는 아이디어를 도출한 결과 [1차 성과]라는 효과성을 낳고 그것이 [2차 성과]로 이어지는' 형태가 됩니다. 물론 이 구문이 전부가 아니므로 각각 요구되는 상황에 따라 조율해 나가면 되는데, 이 다섯 가지 빈칸 채우기는 상당히 범용성이 높은 것이라고 자부하고 있습니다.

두 번째 장 마지막에 언급한 '아이디어 분해 구축 시트'에 가까워 보이지만, 이것은 기재하는 내용도 각각 한마디 정도로 느슨합니다. 하나의 문장을 만들기 위해 '빈칸 채우기'를 한다는 이미지로 한번 시도해 보세요.

그림 13 | 워크시트는 다섯 가지 빈칸 채우기가 기본형

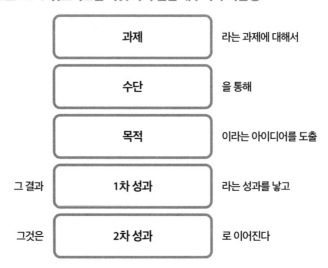

과제	라는 과제에 대해서
수단	을 통해
목적	이라는 아이디어를 도출
그 결과 1차 성과	라는 성과를 낳고
그것은 2차 성과	로 이어진다

아이디어를 떠올리기 위한
응용 기술

▎순서② '나 홀로 워크숍' 개시

워크시트가 완성되면 실제로 나 홀로 워크숍을 실시해 봅니다. 갑자기 하나의 워크시트를 완성하는 것을 목표로 하지 말고, 단편이라도 괜찮으니 복수의 워크시트를 만들어 보는 게 좋습니다. 그러므로 파워포인트 등을 사용해서 기재할 때는 워크시트를 슬라이드별로 여러 개 복사해 두고, 텍스트를 사용할 때는 이 빈칸 채우기 구문을 여러 개 복사해서 준비해 둡니다.

▎하기 쉬운 부분부터 빈칸 채우기

그럼 이제 실제로 해볼까요? 빈칸 채우기를 할 때 위 칸부터 차례로 채워 나갈 필요는 없습니다. 이미 '여건'이 마련되어 있는 것 등 채우기 쉬운 부분에서부터 해나갑니다. 예를 들어 회사의 창립기념일 프로젝트 계획을 맡는다고 해봅니다.

"내년에 우리 회사가 60주년을 맞아 뭔가를 기획해야 하는데 좀 생각해봐 줄 수 있을까요?"

위와 같은 아이디어 의뢰는 과제도, 목적도, 성과도 애매한 경우가 많습니다. 그럴 때는 하기 쉬운 부분부터 채워 나갑니다. 저는 어디까지나 워크숍 스타일을 중요하게 생각합니다. 진행자 역할의 제가 '그럼 과제부터 생각해 보죠' 하고 워크시트를 보면서 마음속으로 선언합니다. 그러면 워크숍 참가자인 저는 눈을 감고 '그 과제는 무엇인가?'에 대해서 생각하기 시작합니다. 진행자로 전환하기 위해서 참가자로서 생각할 때는 눈을 감습니다.

경영자가 '한 사람 한 사람이 솔선하여 도전하는 문화가 사라지고 있다'라는 점에 위기감을 느끼고 있다는 사실을 떠올렸다면 그것을 '과제'에 넣습니다. 과제는 문제가 있는 현상과 이상적인 모습의 차이이므로 **'한 사람 한 사람이 솔선하여 도전하는 과거의 풍토를 되찾는다'**가 됩니다(그림 14).

하나 채워졌다면 또 진행자(나)가 등장하여 '다음은 어디를 생각해 보는 게 쉬울까요?' 하고 마음속으로 중얼거리면서 워크시트를 봅니다. 하나가 채워졌으니 다른 것도 채워 나갈 수 있을 듯합니다. 풍토는 기업의 성격이나 다름없는 것으로 쉽게 만들 수는 없으나 그 형성에 이바지하는 것을 창립기념 프로젝트의 2차 성과로 둬보기로 하겠습니다.

이해가 쉽도록 신제품이나 서비스로 해보겠습니다. **'(사원의 도전을 통해) 새로운 제품이나 서비스가 잇달아 탄생하는 것'**으로 일단 둬보겠습니다(그림 15). 이 '일단 둬본다'라는 것이 중요합니다. 100점을 노리면 시간이 아무리 많아도 부족하므로, 수긍할 수 있는 약 60점 정도로 빈칸 채우기를 하는 것이 포인트입니다. 나중에 얼마든지 고치면 됩니다.

▌아이디어 측과 결과 측 양쪽에서 생각해 가기

이로써 두 가지 빈칸 채우기가 끝났습니다.

다시 진행자가 등장합니다. '다음은 60주년 시책 아이디어에

그림 14 | '과제' 칸 채우기

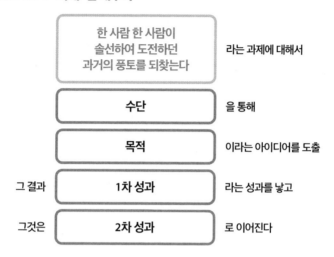

한 사람 한 사람이
솔선하여 도전하던
과거의 풍토를 되찾는다   라는 과제에 대해서

수단   을 통해

목적   이라는 아이디어를 도출

그 결과   1차 성과   라는 성과를 낳고

그것은   2차 성과   로 이어진다

그림 15 | '2차 성과' 칸 채우기

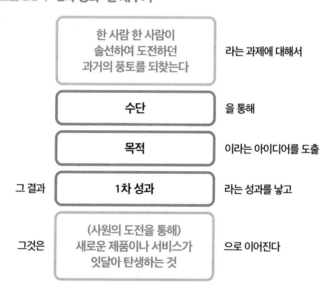

한 사람 한 사람이
솔선하여 도전하던
과거의 풍토를 되찾는다   라는 과제에 대해서

수단   을 통해

목적   이라는 아이디어를 도출

그 결과   1차 성과   라는 성과를 낳고

그것은   (사원의 도전을 통해)
새로운 제품이나 서비스가
잇달아 탄생하는 것   으로 이어진다

서의 직접적인 결과인 '1차 성과'를 채울 것인지, 시책 아이디어 그 자체의 '수단'과 '목적'을 채울 것인지, 양쪽 모두를 생각해 볼 수 있겠죠' 하고 마음속으로 중얼거리면서 워크시트를 봅니다.

이것도 각자가 하기 쉬운 방법을 찾는 것이 좋은데, 저는 이럴 때 '터널 양쪽 끝에서 파 나가는 방식'으로 진행합니다. 즉, 수단과 목적이라는 아이디어 측과 결과 측으로 양쪽에서 생각해 나가는 것입니다. 그렇다고 해도 혼자서 하는 브레인스토밍에서 뇌는 하나이므로 눈을 감고 생각해 봐서 생각이 나지 않으면 반대를 생각해 보는 것을 반복합니다.

수단부터 생각해 보면 창립기념 시책이므로 해야 할 것이 몇 가지 있습니다. 그 안에 힌트가 될 만한 것이 있을 듯합니다. 예를 들면 과거 60년의 발자취를 되돌아봅니다. 이를 과제를 통해 생각해 보면 어떨까요? 회사 연혁에는 제품 발매나 사업소 개설, 시장에서의 결과가 나열되어 있을 뿐이지만, 그 뒤에는 도전자들이 있습니다. 거기에 초점을 맞춰 60년을 되돌아보면 흥미로울 듯합니다. 그래서 '수단' 칸에 기재해 봅니다. **'과거 60년의 역사를 당사 도전자들의 생각이나 활동을 통해 되돌아본다'**라는 내용이 될 것 같습니다.

그러면 목적은 쉽게 쓸 수 있지 않을까요? 예를 들어 **'가치 창조는 모두가 아니라, 한 사람의 생각과 첫걸음에서 탄생한다는 사실을 깨닫는다'**라는 것은 어떨까요?(그림 16)

그림 16 | 아이디어 측과 결과 측이라는 양쪽에서 생각하기

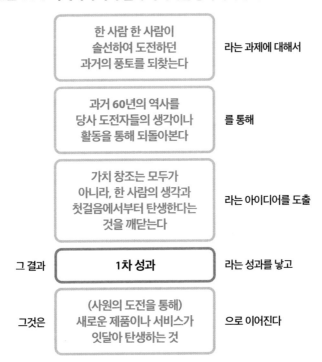

한 사람 한 사람이 솔선하여 도전하던 과거의 풍토를 되찾는다	라는 과제에 대해서
과거 60년의 역사를 당사 도전자들의 생각이나 활동을 통해 되돌아본다	를 통해
가치 창조는 모두가 아니라, 한 사람의 생각과 첫걸음에서부터 탄생한다는 것을 깨닫는다	라는 아이디어를 도출

그 결과 **1차 성과** 라는 성과를 낳고

그것은 **(사원의 도전을 통해) 새로운 제품이나 서비스가 잇달아 탄생하는 것** 으로 이어진다

그럼 이제 채워야 할 빈칸이 하나 남습니다. 다시 워크시트를 보면서 이 '결과' 칸을 어떻게 채울 것인지 생각합니다. 어떤가요? 나머지는 자연스럽게 채워지리라 생각했는데 꽤 어렵죠? 앞뒤 양방과 제대로 연결되는 것을 채워야 하므로 마지막이 어려운 경우가 많습니다.

이 예에서는 '깨달음이 생긴다는 아이디어'로는 뭔가 명확한 성과로 이어지기 어렵다는 사실을 알 수 있습니다. 처음에 설정

한 과제가 너무 클 수도 있으므로, 그 부분은 나중에 검증하기로 하고, 우선은 이 시트를 완성해 보는 것이 좋겠습니다.

위아래 어느 한쪽과의 연결이 나빠진다고 한다면 아래쪽과의 정합성을 맞추는 것을 우선합니다. 그러므로 2차 성과 '(사원의 도전을 통해) 새로운 제품이나 서비스가 잇달아 탄생하는 것'으로 연결하는 데 필요한 것으로서 **'한 사람 한 사람의 도전을 지탱하는 여러 가지 구조와 대처가 탄생한다'**라고 가정해 봅니다. 이로써 일단은 워크시트가 완성되었습니다(그림 17).

다시 살펴볼까요? 아이디어와 결과(1차 성과) 부분에 약간의 단절이 있어, 자연 발생적으로는 이 결과로 이어지지 않을 것으로 생각됩니다. 그렇지만 방향성으로는 나쁘지 않을 듯하므로, 유도 경기에서 절반 두 번으로 한판승을 노리는 것과 같은 식으로 60주년을 핑계 삼아 할 수 있는 시책을 구체적으로 생각해 봅니다. 예를 들어 볼게요.

- 한 제품의 '첫걸음 전시(역대 히트 상품 중 '첫걸음'이 된 한 사원의 구상이나 생각에 초점을 맞춘 전시를 진행한다)'
- 너무 일렀다! 너무 갔다?! 유감스럽지만 시장에 남지 않았던 도전의 궤적(참신한 아이디어였지만, 제대로 시장에 정착하지 못한 60년간의 제품을 한데 모아 되돌아보는 콘텐츠)

그림 17 | 워크시트가 완성되면 전체를 통해 흐름을 확인하기

한 사람 한 사람이 솔선하여 도전하던 과거의 풍토를 되찾는다	라는 과제에 대해서
과거 60년의 역사를 당사 도전자들의 생각이나 활동을 통해 되돌아본다	를 통해
가치 창조는 모두가 아니라, 한 사람의 생각과 첫걸음에서부터 탄생한다는 것을 깨닫는다	라는 아이디어를 도출
그 결과 한 사람 한 사람의 도전을 지탱하는 여러 가지 구조와 대처가 탄생한다	라는 성과를 낳고
그것은 (사원의 도전을 통해) 새로운 제품이나 서비스가 잇달아 탄생하는 것	으로 이어진다

이 시트에서 도출한 부분에서부터 한 걸음 더 구체적인 시책 아이디어로 전개해 나갈 수 있습니다.

이처럼 시트를 작성하여 아이디를 도출할 때의 장점은 아이디어의 분기를 몇 가지 층으로 나눌 수 있다는 점입니다.

애초의 출발점인 과제 설정이나 목적을 바꿔 볼까요? 예를 들면, '이 회사에 들어와서 다행이다. 과거 나의 선택이 틀리지 않았다고 생각할 수 있도록 회사에 도움이 되는 기념일로 만들고 싶다'라는 식으로 말입니다. 이러한 배경이 있을 때는 먼저 시트 중앙의 목적 부분에서부터 채워 나가면서 아이디어를 생각해 나갑니다. 그러면 앞과는 전혀 다른 아이디어가 나오게 됩니다.

'나 홀로 브레인스토밍'을 할 때는 워크시트를 사전에 만들어 그것에 따라 브레인스토밍하는 것이 중요합니다.

워크시트는 단순한 편이 진행하기 쉽습니다. 어떤 문제에 대해서 어떤 상태를 목표로 하고자 하는지, 이 두 가지만 있어도 괜찮을 수 있습니다. 본격적으로 아이디어를 구축해 나가고자 한다면 두 번째 장에서 말씀드린 '아이디어 분해 구축 시트'의 활용을 추천합니다만, 시작하기 전에 일단은 사고를 회전시킨다는 의미에서 단순한 워크시트를 만들어 보세요.

이 책의 부록으로 백지상태의 워크시트를 첨부하니 그것을 복사해서 사용해 보시기 바랍니다.

경계를 뛰어넘는 수평적 전개: 아날로지적 사고를 '차용하여 수평적 전개'를 해 나가는 기술

대학원에 다닐 때 지역 활성화나 문화인류학에 대해서 배웠습니다. 그 때문인지 **모든 비즈니스 관련 현상을 '지역 안에서의 일'로 치환하여 생각하는 일이 많습니다.** 예를 들어, 얼마 전의 이야기입니다. 어느 한 기업의 인사부 담당자로부터 사내 이벤트를 개최해도 참가자가 잘 모이지 않는다는 고민을 들었습니다. "창립기념식에서 비전을 바꾸는 것도 정해졌고, 본인들 회사이니 한 사람 한 사람 모두가 적극적으로 참여하면 좋을 텐데 무슨 이유에서인지 항상 똑같은 사람들만 모이는 것 같아요"라는 얘기였습니다.

이런 고민을 껴안고 있는 분이 사실 많지 않을까 싶습니다. 그런데 '지역 안에서의 사정'으로 치환해 보면 참가자가 모이지 않는 게 당연하다고 생각됩니다. 이 고민을 축제에 참여하는 방법으로 바꿔서 생각해 보겠습니다. 몇몇 마을에 걸쳐 개최되는 대대적인 축제. 그 축제 전체에 활기를 불어넣기 위해 "모두 적극적으로 운영에 참여해 주세요"라고 호소할까요? 그보다는 작은 단위에서의 호소가 이루어집니다. 동네별로 행사를 진행할 사람을 모집합니다. 참여하는 아이들에게는 작은 선물을 주고, 어른에게는 중간중간 회식 자리를 마련해 주겠다는 등의 혜택을 제시하면서 '자신들의 마을' 분위기를 끌어올립니다. 자신이 속한 작은 공동체의 활성화라는 직접적인 동기에 의해 에너지가 모여 축제의 에너지가 되는 경우가 많다고 생각합니다.

그렇다면 "회사 전체에 활력을 불어넣기 위해서라도 참여해 주세요"라는 동기는 다소 장벽이 높다는 생각이 듭니다. 부, 과, 팀 단위로 먼저 흥을 돋우고, 회사의 이벤트 자체가 성립되도록 하는 구조를 만들 수 없을까 하고 생각하는 편이 승산이 있을 것 같습니다.

이러한 생각은 **아날로지적 사고(유추 사고)**라고 불립니다. 사물 사이에 있는 원용 가능한 구조를 찾아내어 응용하는 사고법입니다. 얼핏 전혀 다르게 보이는 과제에도 $A \rightarrow A'$와 $B \rightarrow B'$와 같이 유추하여 원용 가능한 구조를 찾아낼 수 있는 경우가 꽤 있습니다. 이러한 아날로지적 사고를 익힌다면 새로운 아이디어를 창출할 때 매우 도움이 됩니다. 저도 해결책을 생각할 때는 앞서 소개한 예와 같이 **'뭔가 (이와) 비슷한 것은 없을까?'**, **'유사성을 가지고 있는 것은 없을까?'** 하고 찾아보곤 합니다. 이 생각은 전례가 없는 과제나, 사고하기 시작했으나 실마리가 보이지 않는 일을 할 때도 도움이 됩니다.

▎ 아날로지적 사고로 문제를 해결한 사례

예를 들어 보겠습니다. 자세히는 말할 수 없지만, 어느 한 기업이 회사의 근간을 뒤흔드는 큰 위기를 맞게 되었는데 그 사실과 그 후의 대응을 어떻게 알리는 것이 적절할지 '사내 커뮤니케이션을 설계해 달라'는 의뢰를 받은 적이 있습니다. 많은 직원이 평생 이 회사에서 안정적으로 일하리라 믿어 의심치 않았을 텐데, 그런 생각을 뒤엎을 만큼 커다란 위기였습니다. 회사 차원에서는 기업을 존속시키기 위해 일시적 대량 출혈이 불가피하다는 뼈아픈 결정을 내려야 했습니다. 이러한 경영자의 결단을 직원들에게 이해시키려면 어떻게 해야 할까요?

비슷한 사례를 찾아보니 딱히 정석이라고 말할 만한 것은 없었습니다. 위기관리 컨설턴트와 같은 전문가에게 물어봐도 명확한 답이 없었습니다. 그래서 아날로지적 사고로 다른 분야에서 응용 가능한 것은 없는지 닥치는 대로 찾아봤습니다. 큰 충격에 직면했을 때 사람에게는 어떠한 심리적 변용이 발생할지 생각해 봤더니 '살날이 얼마 남지 않았다는 선고를 받았을 때'와 비슷하지 않을까 하는 생각이 들었습니다. 스스로는 어찌할 수 없는 큰 흐름을 앞에 두고 어떻게 그 운명을 받아들일지에 이번 문제의 힌트가 있다고 생각했습니다.

참고로 삼은 것이 《죽음과 죽어감》의 저자인 정신과 의사 엘리자베스 퀴블러 로스Elizabeth Kubler Ross의 **'죽음의 5단계'**라는 과정입니다. 이 과정이 모든 환자에게 해당하는 것은 아니지만, 다음과 같은 단계를 거친다는 것입니다. 저는 그때까지 이 가설을 몰랐습니다만, 간호 분야 등에서는 꽤 유명한 이론이었습니다. 이 5단계는 다음과 같습니다.

> 1단계 – 부정: "내가 죽는다니 진짜일 리 없어!"라는 식으로 현실을 인정하지 않으려 한다.
>
> 2단계 – 분노: "왜 내게 이런 일이 일어난 거야?"라며 주변 사람에게 분노를 표출한다.
>
> 3단계 – 타협: "이 상황만 벗어나게 해주면 앞으로 더 열심히 살겠습니다"라는 식으로 신이나 운명과 타협하려고 한다.
>
> 4단계 – 우울: 절망감과 더불어 의욕을 잃는다.
>
> 5단계 – 수용: 마지막으로 죽음을 받아들인다.

이 5단계를 참고하여 위기 상황에 빠진 회사와 직원들의 사내 의사소통 방법에 적용해 보았습니다. 한번에 모든 것을 전달하지 않고 단계적으로 정보를 개시하여 전달하는 식으로 설계했습니다. 보통은 최초 발표 시에 사업 철수 사실과 더불어 기존 부문과 관련한 생각, 인사 방침, 처우 등을 모두 전달하는 것이 통례인 듯합니다.

하지만 퀴블러 로스의 주장에 따르면 충격적인 사실을 전달받았을 때의 첫 반응은 '1단계-부정'입니다. 그러므로 아무리 설득력 있는 정보를 전달해도 직원들이 쉽게 받아들이지 않습니다. 그래서 여러 차례 회사 사정을 전달하는 시계열 방식을 취하게 되었습니다.

'2단계-분노'에서는 왜 이러한 결론에 이르게 되었는지를 경영적 관점에서 주의 깊게 전달하면서 회사가 존속하기 위해서는 '합리적이고 가장 올바른 결단'이었다고 이해를 구하는 설명을 했습니다.

'3단계-타협'에서는 한 사람 한 사람에 대해서 최악의 결말이 아니라 생각할 수 있는 최선의 선택지를 마련해 가는 것을 제시했습니다.

'4단계-우울'에서는 혼자서 고민하지 않도록 팀, 동료, 가족과 얘기 나눌 수 있는 정보를 제공했습니다.

결과적으로 경영 대 현장에서의 알력과 단절이 노골적으로 발생하는 일 없이 회사의 위기를 극복할 수 있었습니다. 물론 한 사람 한 사람에게 초점을 맞추면 큰 부담을 강요하는 것이긴 했지만, 무슨 말을 해도 '부정'하는 단계를 극복하고, 정중한 커뮤니케이션을 통해 직원들을 제일로 생각하고 모든 결단을 내린 경영진의 마음을 전달할 수 있었습니다.

┃ 가능한 한 다른 분야에서 빌려 오기

아날로지적 사고에서 중요한 점은 가능한 한 다른 분야에서 빌려 오는 것입니다. 너무 가까운 분야일 경우 단순한 아이디어의 재이용이 되고 맙니다. 앞서 소개한 퀴블러 로스의 사례와 같이 이 경우라면 비슷할 것 같다고 생각하면서 그 분야를 조사하고 원용할 수 있을 만한 이론이나 방법, 사례를 빌리는 것이 제가 취하고 있는 방법입니다.

사실 그 무렵은 어머니가 암에 걸리서서 감정 기복이 심한 상태였습니다. 어떻게 마음을 다스리면 좋을지 알 수 없어 간호 관련 책을 이것저것 찾아보던 때였습니다. 그러던 중 우연히 '죽음의 5단계'라는 과정을 알게 되었고, 이 이론은 어딘가에 응용할 수 있을 것 같다는 생각으로 '아이디어 분해 구축 시트'에도 적어뒀었습니다. 아이디어 소재를 축적한다는 의미에서 저는 이처럼 '아이디어 분해 구축 시트'를 일상적으로 사용하고 있습니다. 자신의 업무와 직접적으로 관련이 있는 사례에 대해서는 이 시트에 적어두고 구조적으로 이해하여 '언젠가는 사용할 수 있는' 소재로 삼고 있습니다.

또한 시트에 잘 적어 넣을 수 없는 것에 대해서는 텍스트로 정리하는 형태로 저장해 두고 있습니다. 어쨌거나 **아카이브화하는 것이 아날로지적 사고를 강화해 나가는 데 중요한 작업**이 됩니다.

이러한 아날로지적 사고에 의해 탄생한 아이디어는 마을 활성화 분야에도 있습니다. 예를 들어, 방문 인구를 늘리려면 강력한 스토리를 가진 문화 자원을 재발견하여 그것을 정비하고 시대에 맞춰 스포트라이트를 비추는 게 이치에 맞습니다. 그런데 아무리 찾아봐도 자신들에게는 강력한 자원이 없다는 마을이 대부분입니다. 그럼 어떻게 하면 좋을까요?

이는 어느 나라 어느 지역에서나 껴안고 있는 과제였습니다. 1970년대 프랑스의 농촌에서 시작된 '에코뮤지엄'이라는 활동이 있는데, 그것은 다음과 같은 아이디어입니다.

▎형태가 아닌 기능으로 파악하면 새로운 아이디어가 탄생한다

어떤 마을에든 작은 문화 자원이 곳곳에 존재합니다. 그렇다면 지역 전체를 박물관화하여 여기저기 흩어져 있는 문화 자원을 소중히 보존하면서 스토리와 더불어 문화 자원을 둘러볼 수 있는 맵을 만들어 투어를 진행할 수 있습니다. 그리고 그것을 축으로 마을의 활성화를 도모해 나갑니다. 이러한 움직임은 발상지인 프랑스는 물론이고 일본의 많은 지역에서도 전개되고 있습니다. 그리고 지금 문화청이 추진하는 일본 유산과 같이, 행정적 구분을 넘어 문화 자원을 스토리로 구성하는 프로젝트로 이어지고 있습니다.

마찬가지로 이탈리아에서 처음 시작된 것 중에 '알베르고 디 푸소Albergo Diffuso(분산형 호텔)'라는 것이 있는데, 이것은 마을 전체를 호텔화하는 것입니다. 일본에도 도쿄 야나카谷中에 있는 '하기소HAGISO'의 '하나레hanare' 같은 호텔이 있습니다만, 여기서는 마을의 목욕탕을 호텔의 대욕장처럼, 또 마을의 레스토랑을 호텔의 다이닝 홀처럼 이용하는 등 대형 호텔에서 볼 수 있는 시설을 새롭게 짓지 않고 기존 자원을 재활용하면서 마을의 활성화를 실천하고 있습니다. 이것도 아날로지적 사고에 따른 아이디어라고 할 수 있습니다.

마을 활성화와 관련한 이 두 가지 사례에서 시사하는 바는 무엇일까요? 여기서 주목하고자 하는 점은 박물관이나 호텔을 '형태'로서가 아니라 '기능'으로서 다시 파악했다는 점이 아닐까 싶습니다. 에코뮤지엄 같은 박물관의 기능은 보존(보전), 시설 관리, 조사연구 및 수집보전, 전시, 교육, 보급 활동이며, 알베르고 디푸소 호텔의 기능은 자고, 먹고, 씻고, 차 한 잔을 즐기고, 휴식을 취하고, 정원을 산책하는 것 등입니다. 분해 방법에 차이는 있지만, '기능'이라는 점에서 파악한 덕분에 응용할 수 있었고 지역이라는 단위에 적용할 수 있었다고 생각합니다.

비슷한 접근은 기업활동에도 응용할 수 있습니다. 그 '기능'을 어떻게 정의할 것이냐에 따라 달라지지만, 예를 들어 대학의 기능을 가진 IT 기업, 숲의 기능을 가진 고층아파트, 역의 기능을 가진 레스토랑 등을 생각해 보면 어떨까요? 유기적인 새로운 아이디어가 틀림없이 확장됩니다.

▎기업 비전의 커다란 역할이란

게다가 이러한 생각은 근원적인 질문의 답을 도출하는 데도 적합합니다. 기업 철학의 책정이나 중기 경영계획 업무를 담당할 때 "왜 비전은 필요할까?"라는 질문이 던져지곤 합니다. 물론 경영론적으로 비전이 조직에서 어떻게 기능하는지를 설명해 가는 것도 중요합니다. 그와 더불어 제 머리를 스치는 것은 작가 생텍쥐페리Saint-Exupéry의 다음과 같은 말입니다.

"사랑은 서로를 바라보는 것이 아니라, 함께 같은 방향을 바라보는 것이다."

연애나 결혼에서 "이런 점이 좋다"라고 서로 말할 때는 행복감을 느낍니다. 하지만 반대로 서로의 흠을 찾아내기 시작하면 관계는 악화 일로를 걷습니다. 이것은 남녀 사이뿐 아니라 '동료'를 만들 때도 일반적으로 마찬가지입니다. 그때 필요한 것은 '무슨 목적을 위해서 함께 있는가?'라는 것의 언어화라고 아날로지적으로 해석할 수도 있습니다. 그것이야말로 비전의 커다란 역할이라고 설명할 수도 있습니다.

지금은 전 세계가 불안감을 껴안고 있는 상황에 놓여 있습니다. 앞으로 필요한 것은 각각의 조직이나 커뮤니티에서 어느 방향을 바라보면서 걸어갈 것인지를 결정하고 언어화하는 것입니다.

오늘날의 기업이 기업 철학이나 존재가치를 확립하고자 하는 것도 주목받고 있습니다. 기업의 존재가치는 사회적인 존재의의를 말하는 것으로 '기업은 무엇을 위해 존재하는가?' 또는 '사회에 대해서 어떠한 책임을 다할 것인가?'를 정의하는 것이라고 합니다. 이것도 생텍쥐페리의 말에서 살펴보면 '기업이 사회와 함께 같은 방향을 바라보는 것에 대한 도전'이라고 파악할 수 있습니다. 이처럼 누군가의 말을 빌려와서 이미지로 개념을 이해하기 쉽게 정리하는 것도 하나의 아이디어라고 생각합니다.

빙의 사고법: 평범한 사람도
천재로 바뀌는 기술

아이디어를 창출하려고 할 때 곤란한 점이 크게 두 가지 있습니다. 하나는 **사고 정지**. 즉, 아이디어를 내보려고 해도 노트나 컴퓨터를 앞에 두고 생각이 굳어버려 시간만 지나고 만다는 점입니다. 또 하나는 **아이디어가 고정화돼 버리거나 무난한 생각밖에 떠오르지 않아서 좋은 아이디어라고 할 만큼까지 '도약하지 못한다'**라는 점입니다. 이런 상태에 빠졌을 때는 '그 사람이라면 이런 상황에 빠지지 않겠지' 싶은 유능한 사람에 대한 선망과 질투의 감정이 떠오릅니다.

▎동경하는 사람을 흉내 내기

그럴 때 문득 한 유명한 광고 기획자를 흉내 내어 '그 사람이라면 이렇게 해서 기획하겠지' 하는 상상을 떠올리며 제가 그 기획자라고 생각하면서 기획했던 적이 있습니다. 기획 전반부의 작성 방법이나 서류 정리 방법도 포함해서 동경했던 부분도 있었으므로 꽤 충실하게 재현할 수 있었다고 생각합니다.

그랬더니 어땠을까요? 멈췄던 기획이 쓱쓱 나왔습니다. 게다가 '나라면 이렇게 생각하겠지만, ○○ 씨라면 여기까지 생각을 확장할 것 같은데, △△ 씨는 사회적 맥락을 빌려 올 수 있을 테니 이런 기획을 내지 않을까' 등 하나의 과제에 대해서 여러 사람을 빙의시키면서 기획했더니 아이디어를 생각할 때 사고가 멈추는 일도 없게 되고 너무 작게 정리되어 버리는 일도 없어졌습니다.

저는 이 방법을 '**빙의 사고법**'이라고 이름 붙였습니다. 이 '빙의 사고법'에서 중요한 것은 "○○ 씨라면 이 과제에 대해서 어떤 아이디어를 낼까?"라는 질문을 세우는 일입니다. 그리고 그 ○○ 씨를 빙의시킵니다. 제대로 빙의시키려면 ○○ 씨의 사고나 아이디어에 대한 인풋의 양이 중요합니다.

▍잘 훔쳐내어 자기 것으로 만들기

처음에는 회사나 직장의 유능한 선배 등을 대상으로 시작하는 것이 좋을 듯합니다. 저는 어느 정도 유명한 분으로 그 사람의 아이디어 접근이 멋지다고 생각하면 **그 사람의 저서나 인터뷰 기사를 전부 읽고 또 블로그나 SNS도 과거의 내용까지 모두 찾아봅니다.** 그리고 한 달 정도 빙의하고자 하는 사람의 정보를 계속 입력하다 보면 어떤 생각을 할지 해상도가 꽤 높아지는 것을 실감합니다. 이런 방법은 극단적이므로 강력하게 추천하지는 않습니다만, 중요한 것은 **'기획자로서의 관점이나 사고방식 그리고 기술'을 잘 훔쳐서 자신의 것으로 만드는** 일입니다.

▎단, 전부를 훔칠 필요는 없다

하지만 빙의 사고를 사용해도 잘 사용할 수 있는 것과 능숙하게 사용할 수 없는 것이 있음을 알게 됩니다. 그래서 저는 전부를 훔칠 필요는 없다고 딱 잘라 말합니다. 왜냐하면 각자의 사고 특성이나 경험의 축적과 맞물려야 그 사고를 활용할 수 있기 때문입니다.

예를 들면, 당사에서 CF 광고 기획을 담당하고 있는 오카베 마사히코岡部将彦가 영상을 만들 때의 접근 방식이 상당히 독특해서 훔치고 싶다고 생각한 적이 있습니다. 그는 논리적인 사고 위에 '재미있다'라고 하는 요소를 잘 조화시키는데, 저는 아이디어와 재미의 조합을 능숙하게 해내지 못합니다. 그의 기획이나 아이디어의 견고함은 간사이 지역 사람으로서의 '재미'를 추구해 온 경험이나 콘텐츠를 수없이 많이 흡수하면서 축적한 다채로움이 기초가 되고 있습니다. 그처럼 재미있는 영상을 기획하고 싶은 마음에 완전히 훔쳐내 보려고는 하지만 오히려 나의 부족함에 눈이 가서 괴롭기만 할 뿐입니다.

저는 한 사람에게만 빙의하는 것이 아니라, **여러 기획자의 관**

점이나 사고방식과 기술 가운데 '나 자신이 사용하기 쉬운 것'을 패치워크처럼 조합하고 있습니다.

프레임아웃 사고법: 아이디어가
떠오르지 않을 때의 구제법

　오래 관여해 왔던 업무나 전략을 스스로 생각하고 아웃풋도
스스로 생각한다고 하는 상황에서 흔히 발생하는 게 '아이디어
가 떠오르지 않는다'라는 문제입니다. 그럴 때 사용할 수 있는
방법이 바로 **'프레임아웃 사고법'**입니다. 프레임아웃이란 촬영
시에 대상이 카메라 화면에서 벗어나는 것을 뜻합니다. 말 그대
로 아이디어를 떠올리고자 할 때 통상적으로 생각하는 범위에
서 '굳이' 프레임 아웃시켜 생각해 보려고 하는 것입니다.

　보통 아이디어를 떠올릴 때는 여러 가지 제약을 가미하면서
생각합니다. 하지만 여기서는 굳이 예산의 제약을 없애고, 기술
적 제약을 없애고, 타깃의 제약을 없애는 등 온갖 제약을 없애
면서 '있을 수 없는 (엉뚱한)' 아이디어를 잇달아 꺼내 놓습니다.
예를 들면, 앞서 소개한 기업 창립기념 관련 기획을 생각해 볼

까요? 프레임아웃 사고법에서 있을 수 없는 아이디어를 생각해 보면, **'회사 창립기념일을 국경일로 만든다'**라는 것은 있을 수도 없고 어처구니없는 아이디어가 됩니다. 프레임아웃 사고법은 먼저 이러한 엉뚱한 아이디어를 내놓고, 그 이후 그러한 '있을 수 없는 아이디어'를 현실적인 제약을 가미하면서 아이디어로 풀어 나가는 것입니다.

> "창립기념일을 국경일로 삼을 수는 없겠으나 회사의 자체 휴무일로 지정할 수는 있을 것이다."
> "휴무일로 지정하는 게 어렵다면 오전 기념식에 전 사원이 참석하고 오후에는 평소의 업무를 하는 게 아니라 팀끼리 서로 겨루는 오락이나 여가 활동을 즐긴다."

이처럼 있을 수 없는 아이디어를 출발점으로 삼아 보통은 생각하지 못하는 아이디어로 조정해 나가는 것입니다.

▌팀 차원에서 아이디어를 낼 때도 사용할 수 있다

이 방법은 팀 차원에서 아이디어를 낼 때도 효과적입니다. 팀을 편성할 때, 저는 종종 아이디어를 실제로 구체화할 힘은 없지만, 제가 생각하지 못한 아이디어를 생산해 낼 수 있는 도약력을 가진 젊은이들을 포함시키곤 합니다. 그 이유는 그들이 내놓은 '불가능할 것 같은' 아이디어가 과제를 해결할 힌트가 되는 경우가 많기 때문입니다. 하지만 그런 사람이 늘 존재하는 것은 아니며, 그들만으로는 부족할 때도 있습니다. 그럴 때는 팀 전원이 일단 '프레임아웃'하여 있을 수 없는 아이디어를 내보는 것도 좋은 방법이라고 생각합니다.

다면기 사고법: 많은 업무를 껴안고 있는 사람에게 전하는, 손을 멈추지 않는 방법

아이디어를 생각할 때 한 가지 업무에만 집중할 수 있으면 좋겠지만, 좀처럼 그럴 수 없다는 게 비즈니스 하는 사람들의 힘든 점입니다. 저는 지금에서야 스스로 업무량을 조절할 수 있게 되었지만, 20~30대 때는 일을 너무 많이 껴안고 "머리가 안 돌아가!"라며 매일 조급해했습니다. 하나의 안건에 시간이 너무 걸리는 탓에 다른 것을 하지 못하거나 조마조마한 마음에 정서적으로 불안정해지거나 시간을 헛되이 보내던 적이 있었습니다. 그때 장기에서 실력이 뛰어난 사람이 실력이 낮은 사람들을 상대로 대국을 벌이는 '다면기多面棋'에서 힌트를 얻은 것이 바로 이 방법입니다.

프로 장기기사가 이벤트 등에서 여러 명의 아이를 상대로 장기를 두는 모습을 축제 현장이나 뉴스 등을 통해 본 적이 있을 텐데요. 이 장기의 '다면기'에서 이름을 따서 **'다면기 사고법'**이라고 이름을 붙여 실천하고 있습니다.

아이디어를 생각할 때 '사고 정지 상태에 빠지거나 줄곧 같은 생각만 하면서 시간을 낭비하는' 것은 한정된 시간을 헛되게 하는 일입니다. 바로 그것을 회피하는 방법입니다.

█ 물리적인 장기판을 만든다

방법으로는 크게 두 가지가 있습니다. 하나는 **물리적으로 다면기를 위한 장기판을 만드는 것**입니다. 넓은 공간이 확보된다면 본인 책상에서 해도 상관없습니다만, 저는 회의실 테이블 등 넓은 공간을 확보할 수 있는 곳에서 실시합니다. 먼저 해결해야 할 작업을 분해하여 그에 필요한 공간을 확보해야 하는데(그림 18), 넓은 테이블 등을 사용할 수 있다면 가장 좋습니다.

그 장소에는 그 작업과 관련한 자료와 아이디어를 적어 넣을 용지(A4 복사지 또는 공간이 작을 때는 엽서 크기의 백지)를 준비합니다. 같은 기업의 과제에 착수할 때도 해야 할 일이 복수에 이를 때는 각각에 맞춰 공간을 준비하는 것이 중요합니다.

이렇게 작업에 필요한 장소가 확보되면 장기나 바둑의 다면기를 진행하는 요령으로 차례로 진행해 나갑니다. 진행 요령으로는 다음의 안건으로 넘어갈 조건을 결정하는 것입니다.

그림 18 │ 물리적으로 다면기가 가능한 공간을 만든다

목적은 멀티태스크로 안건을 진행하는 것이므로, 하나의 안
건에 매달리는 것을 방지하기 위해 시간을 설정합니다. 저는 15
분이나 20분 정도로 설정하고 있습니다. 아무리 사고가 원활하
게 진행된다고 해도 그 시간을 지키려 합니다. 그렇게 하면 세
부적인 내용에 시간을 많이 들이지 않고 전체 구조를 만들거나
기획의 골격에서부터 만들어 나가는 일에 힘을 쏟을 수 있습
니다.

■　　 MVV란 Mission, Vision, Value의 약칭

❙ 제한 시간 설정하기

또 하나는 **제한 시간을 설정하는 것**입니다. 사고가 진척되지 않을 때는 깨끗이 끊어내고 다음 안건으로 넘어가도록 합니다. 저는 5분간 사고가 진척되지 않아 생산성이 나쁘다는 생각이 들면 바로 포기하고 다음 안건으로 진행합니다. 이처럼 테이블에 지금 처리해야 할 과제를 나열하여 차례로 다면기 대국을 벌이는 식으로 처리해 나갑니다. 이 방법의 장점은 한 번 생각하기 시작한 것에 대해서는 백그라운드(머릿속 한구석)에서 아이디어의 사고가 계속 움직이고 있다는 점을 이용할 수 있다는 사실입니다. 예를 들면, C사의 아이디어를 생각할 때 앞서 설명한 사고가 정체해서 포기했던 B사의 아이디어가 불쑥 떠오르기도 하는데, 그러면 B사의 안건 필드로 되돌아가 아이디어를 적어두는 것입니다. 생각해야 할 일이 많아서 머리가 잘 안 돌아갈 때 꼭 한번 시도해 보세요.

완전히 똑같지는 않으나 조금 비슷한 사례로 장소에 따라 강제적으로 사고를 바꿔 가는 방법을 취했던 인물이 있습니다. 바로 월트 디즈니Walt Disney입니다. 그는 몽상가, 비평가, 실무자라는 세 가지 인격을 가지고 일을 해서 세 개의 방을 준비하여 강제적으로 다른 사고를 했다고 합니다. 꿈꾼 아이디어를 비평가의 눈으로 평가하고, 실무자가 양측의 의견을 참고하면서 비즈니스화해 나갔으리라는 게 충분히 상상됩니다. 실제로, 월트 디즈니는 이 방들을 오가면서 아이디어를 구체화했다고 합니다.

전제 뒤집기 발상법: 기존의 제약을 뒤집어 새로운 콘셉트를 창출하는 기술

　새로운 제품이나 서비스 등을 제로 상태에서 만들어 나가는 것은 꽤 장벽이 높은 일입니다. 그럴 때 잘 팔리는 정석이나 히트하는 전제, 화제가 되는 조건 등을 검색하는 것은 매우 중요합니다. 하지만 검색한 결과대로 그저 '이상'을 추구한다고 해서 될 일일까요? 대개의 상품은 히트 요건을 제대로 연구하여 이를 충족할 만한 것을 만들고 있다고 생각합니다. 하지만 '범용화Commoditization(시장에 유통되는 상품이 개성을 잃어 소비자로서는 어떤 제조회사의 상품을 구매해도 별반 차이가 없는 상태를 가리킴-옮긴이)'로 인해 현실적으로는 그것만 가지곤 경쟁할 수 없는 경우가 많습니다.

　그렇다면 처음부터 전제를 뒤집어 아이디어를 생각해 보면 어떨까 하는 접근 방법이 바로 '**전제 뒤집기 발상법**'입니다. 두 번째 장에서 언급한 '동질화의 함정'에 빠지지 않는 방법의 하나이기도 합니다. 예를 들면서 설명해 보기로 하겠습니다.

▎하나하나의 조건을 뒤집어 나가기

새로운 남성 아이돌을 발굴하여 키워 나가야 할 프로듀서의 역할을 당신이 한다고 가정해 보면 어떨까요? 우선은 지금 잘 나가는 남성 아이돌의 조건을 열거합니다. 가능한 한 요소를 분해하여 조건의 수를 많이 나오게 합니다.

- 준수한 용모
- 마른 체격
- 밝은 성격
- 성별을 불문하고 사랑받음
- 멋짐
- 댄스 머신
- 뛰어난 가창력
- 우수한 운동 실력

얼마든지 나오겠지요. 위와 같은 조건들을 하나씩 뒤집어 그런 아이돌이 있다면 어떻게 될까를 생각해 봅니다. '준수한 용모'는 '볼수록 매력적인 얼굴'이라는 식으로, 각각의 조건을 뒤집어 '조금 통통한 스타일의 아이돌', '어두운 성격의 아이돌',

'여자에게만 인기 있는 아이돌', '여자들은 싫어하는데 남자들에게 인기 많은 아이돌' 등 현시점에서 '잘 나가는 전제'에 해당하는 것을 하나씩 뒤집어 가능성이 있을 듯한 조건을 검증해 나갑니다. 마지막의 남자에게만 지지를 받는 남성 아이돌은 조금 재미있을 것 같습니다.

예능계는 수많은 콘셉트에 맞춰 프로듀싱이 이루어지므로 이미 사용되고 있는 프로듀싱 방법에 관한 예도 꽤 많지만, 히트할 조건을 많이 내놓다 보면 그만큼 실마리가 보일 가능성이 커집니다. 강력한 콘셉트나 아이디어는 자유롭게 생각해 보라고 하면 오히려 생각해 내기가 어렵습니다. 반대로 제약이 오히려 재밌는 아이디어를 떠올리는 '촉매'가 될 때가 있습니다. 이 '전제 뒤집기 발상법'이 바로 그것입니다. **히트할 조건을 굳이 뒤집어 제약을 만듦으로써 거기서부터 새로운 아이디어나 콘셉트를 만드는 발상법**이라고 할 수 있습니다. "제약은 아이디어의 어머니다"라고 말하는 사람이 있습니다. 이 '전제 뒤집기 발상법'을 응용하여 여느 때와는 다른 아이디어 구상에 도전해 보세요. 예를 들면, 신제품 발매 시에는 반드시 TV 광고를 내보내는데 그것을 그만둬 보거나 하는 식입니다. 지금까지 지지를 받아 온 기능을 굳이 제거하고 상품 기획을 해보는 것도 있을 수 있겠습니다. 굳이 제약을 두면 지금까지 없었던 강력한 아이디어가 탄생할지도 모릅니다.

무책임한 교체법: 생각이 막히면 타깃이나 서비스를 교체하자

혼자서 아이디어를 생각하기 시작해서 잠시 시간이 지나면 아이디어가 전혀 떠오르지 않거나 아이디어가 떠오르는 속도가 느려집니다. 그럴 때는 발상을 활성화할 '촉매'를 투입해야 합니다. 그중 하나가 **'무책임한 교체법'**이라고 부르는 방법입니다. 매우 간단한 방법인데, 예를 들어 '어떻게 해서 남성이 꽃을 사도록 할까?'라는 과제가 있다고 가정하겠습니다. 아이디어를 생각하기 시작했을 때는 다음과 같이 여러 가지가 떠오릅니다.

"꽃을 샀는지 알 수 없도록 포장해서 부끄러움을 경감시킨다."

"데이트하러 가는 남성을 대상으로 17~19시까지 2시간 동안 타임세일을 실시한다."

"(아내에게) 사과하기 위한 꽃말을 알려 준다."

계속 생각하는 사이에 아이디어가 떠오르는 속도가 느려지기 시작합니다. 그럴 때 '무책임한 교체법'을 사용하는 것입니다. 요령은 이 과제의 '일부 요소'를 엉뚱한 것으로 교체하는 것입니다. '남성'을 '외계인'이나 '주정뱅이' 등으로 교체해 봅니다. '어떻게 해서 외계인에게 꽃을 사도록 할 것인가?'를 생각해 보는 것입니다. 외계인에게 자세히 설명해도 전달이 안 될 테니, '다양한 꽃을 갖춰놓기보다 빨간 장미만을 전문으로 취급한다' 또는 다른 별로 가지고 갈 수 있도록 '드라이플라워를 판매한다'와 같은 아이디어가 나올 수 있습니다.

▎타깃이나 상품, 서비스를 교체해 보기

외계인은 다소 엉뚱하다고 할 수 있겠습니다만, 그래도 아이디어는 나옵니다. 그리고 여기서 나온 아이디어가 원래 과제에 적용할 수 있을지를 생각해 봅니다. 교체할 타깃은 '외국인'이어도 좋고 '무사'라도 상관없으며 '여고생'도 좋습니다만, 엉뚱하고 무책임한 편이 아이디어가 더 많이 나올 수 있습니다. 또한, 교체 대상은 타깃뿐 아니라 장소, 상품 또는 서비스도 가능합니다. '꽃을 사게 한다'라는 것도 바꿔 볼까요? 예를 들면, '즉석카메라를 사게 한다'라거나 '기초화장품을 사게 한다'와 같이 전혀 다른 것으로 바꿔 봅니다. 여기서도 흔히 있을 법한 것보다는 "헉, 저런 걸?"이라고 할 정도로 의외성이 있는 것이 재밌습니다. 이를테면 '임신 검사 시약'이나 '남성 아이돌그룹의

CD'와 같이 보통의 접근으로는 남성이 좀처럼 사지 않을 만한 것을 설정해 보는 것입니다. 물론 원래 과제에 적용할 수 없는 아이디어가 나오기도 하겠지만, 의외로 활용할 수 있는 아이디어가 많이 나올 수도 있습니다. 생각이 막혀 아이디어가 더는 떠오르지 않을 때야말로 이런 방법들을 사용할 때입니다. 여러분도 '무책임한 교체법'을 시도해 보시면 좋겠습니다.

단어 강제 제시법: 생각이 막히면 외부 자극으로 발상을 부풀리자

이것은 제가 고안한 방법이 아니라 광고 대행사의 신입으로 근무할 당시 사수였던 선배가 실천했던 방법입니다. 저는 이를 **'단어 강제 제시법'**이라고 부르고 있습니다.

어느 날 선배와 둘이서 회의실에 틀어박혀 새롭게 만들 기초 화장품 콘셉트를 브레인스토밍하고 있었는데, 서로 한참 동안 아이디어를 내다가 더는 진척이 안 되어 생각이 막히자 선배가 불쑥 이렇게 말했습니다. "뭐든 좋으니 이번 타깃이 읽을 만한 잡지 좀 찾아다 주겠어." 무슨 의도인지도 모르는 채로 타깃인 20대 후반에서 30대 초반의 여성이 메인 구독자인 잡지 세 권을 찾았습니다.

"아무 데나 적당히 펼쳐서 뭐가 쓰였는지 읽어 봐"라고 했습니다. 저는 선배가 시키는 대로 했습니다.

▎ 책이나 잡지에서 강제적으로 단어를 추출하여 연상하기

"올여름에는 가지고 있는 옷을 활용하자. 돌려 입기로 완성하는 30가지 스타일. 마침내 여름 도래!! 온오프 구분 없이 밸런스 좋게 돌려 입는 것이 패셔니스타…" 하고 읽어 나가는데 "잠깐!"을 외쳤습니다. 그리고는 "온오프", "밸런스"라고 중얼거리더니 "뭐랄까, 온오프 스위치가 될 만한 스킨케어 같은 건 불가능할까?"라면서 아이디어를 적어 나가기 시작했습니다.

"예를 들어 퇴근하고 집으로 돌아오면 외출복을 벗고 일상복으로 갈아입잖아. 그런 흐름으로 스킨케어를 한다면 어떤 것이 좋을까? 온오프 전환이라고 하면 혼자서 맥주를 마시는 그런 사람도 있잖아. 혼술하면서 스킨케어 같은 걸 할 수는 없을까?" 하고 아이디어를 넓혀 나갑니다. 그렇게 해서 어느 정도 아이디어가 떠오르면 잡지의 나머지 부분을 이어서 읽습니다.

"잘 쉬는 것도 업무의 하나. 가까운 공원 산책로에서 심호흡. 탱크톱 위에 걸치기 좋은…" 하고 읽어 나가는데 선배가 또 "스톱!"을 외칩니다. "심호흡, 그거 좋다. 어쩌면 향기 같은 것을 통해 일상에서 벗어나 휴식을 취한다는 것도 있을 수 있지" 하고 말하고는 '삼림욕 마스크팩'이라고 떠오른 생각을 종이에 적습니다. 그러더니 "공원 산책로, 시라카미 산지에서의 명상, 야쿠시마의 비와 꽃봉오리 등과 같이 향과 효용이 다른 것을 라인업할 수도 있고"라며 생각을 확장해 가더군요.

이처럼 아이디어가 더는 떠오르지 않고 생각이 막혔을 때 책이나 잡지에서 강제적으로 단어를 추출하여 연상해 보는 방법입니다.

이 '단어 강제 제시법'은 팀으로 아이디어를 구상하든 혼자서 하든 효과적인 수단입니다. 아이디어를 넓히고자 할 때 사용해 보면 좋습니다.

결점에서 출발하는 사고법: 기존 제품이나 작은 서비스 개선에 사용할 수 있는 기술

갑작스러운 질문입니다만, 아이디어를 잇달아 창출하는 사람은 어떤 성격일까요? 저는 '밝고 긍정적인 사람'이라는 이미지를 가지고 있었습니다. 상대방의 약점이나 결점, 단점만을 찾아내려는 사람은 아이디어와는 무관한 사람이라고 생각했습니다. 그런데 꼭 그렇다고만 단정 짓기 어려운 것이 다음의 발상법입니다.

네거티브 체크Negative Check(결점, 약점, 단점을 사전에 조사하여 확인하는 것-옮긴이) 발상법이라는 범주의 것으로, **'결점에서 출발하는 사고법'**이라는 발상법을 소개해 보고자 합니다. 사실 이 방법은 '아이디어의 교과서'라는 게 있다면 가장 먼저 나올 만한 것입니다.

여러분은 일상생활 속 여러 가지에 의문을 가지는 편인가요?

아니면 당연한 것을 당연한 것으로서 아무 의심 없이 받아들이나요?

'의문을 가지는 것'은 체력이 필요한 일이지만, 그것이야말로 아이디어의 원점입니다. 예를 들면, 레스토랑에서 식사할 때 물과 얼음이 들어있는 컵이 나옵니다. 그때 눈앞에 있는 그저 평범한 유리컵을 보면서 그것에 대해서 뭔가를 생각했던 적은 없나요? "이게 컵으로서 최선의 형태일까?", "이보다 더 좋은 컵은 만들 수 없을까?"와 같은 생각을 해보는 것이 아이디어의 시작이라고 생각합니다.

'아이디어에 앞서 문제의식이 있다'라고 말할 수 있겠지요. 예를 들어, 컵에 물방울이 맺히는 바람에 테이블 여기저기에 물자국이 생기면 스트레스를 받을 수도 있잖아요. 이러한 발견이 있으면 나머지는 어떻게 해결할 것인지 아이디어를 내기만 하면 됩니다. 가령 보온병처럼 이중으로 되어 있어서 물방울이 컵 바깥쪽에 맺히지 않도록 하는 것도 하나의 아이디어이며, 실제로 그런 히트 상품도 있습니다.

이 밖에도 다른 접근을 통해 탄생한 컵이 있습니다. 바로 '사쿠라 사쿠 글라스'라는 컵입니다(그림 19). 그림 19에서 보이는 바와 같이, 유리컵 바닥 부분을 벚꽃잎 모양으로 만들어 물방울 자국으로 인해 받는 스트레스를 엔터테인먼트로 바꿔 놓았습니다. 굉장히 멋진 아이디어라고 생각하는데 여러분 생각은 어떤가요? 이 아이디어도 사소한 의문을 품고 결점을 찾아내려던

그림 19 | 물방울 자국으로 인한 스트레스를 해소해 주는 유리컵

것이 시작이었으리라 생각합니다. **아이디어를 생각하기 전에 먼저 문제를 발견한다**면 일상 속에 숨어 있는 아이디어의 힌트를 찾아낼 수도 있습니다.

"의심하는 자신보다 굳게 믿는 자신이 더 게으른 것 같다."

이 말은 어느 기업 광고문구의 한 구절입니다. 게으름 피우지 말고 의심해 보는 것을 소중히 여겼으면 합니다. 저는 스트레스를 잘 안 받는 타입이라서 이러한 접근이 서툽니다. 그래서 '스트레스 목록'이라는 메모를 만들고 있습니다. 물론 스트레스에 관대한 타입이라고 해도 약간의 위화감이나 부정적인 마음은 생깁니다. 그것을 "뭐, 이 정도쯤이야"라며 승화시키기 전에 메모해 두고 있습니다. 예를 들어 볼게요.

- 샤워기를 틀었을 때 온수가 나오기까지 기다리는 시간
- 이불을 덮고 있어도 발끝이 시려서 좀처럼 잠들지 못할 때
- 기분 전환을 위해 사우나에 갔는데 큰 소리로 떠드는 사람이 있을 때

열거해 보니 푸념 같기는 합니다만, 이런 목록에서 아이디어가 떠오르는 경우가 있습니다. 자신이 느낀 부정적인 감정도 얼마든지 아이디어의 소재가 되므로, 일상생활 속의 스트레스나 위화감을 소중히 여기면 좋겠습니다.

AI와 함께 브레인스토밍: Chat GPT 같은 AI로 아이디어를 만들 때 유용한 발상법

저는 이 책을 2023년에 집필했습니다. 2023년은 생성 AI의 원년입니다. AI를 사용한 아이디어 발상에 대해서 저는 그다지 깊게 파고들고 있지는 않습니다만, 아이디어를 효율적으로 넓힌다는 점에서는 도움이 될 것 같다고 생각합니다. 예를 들어, 제품의 버전 업 등 기존 아이디어를 진화시킬 때 사용할 수 있는 방법인 '스캠퍼 기법'에 대한 응용을 생각해 볼까요? 유명한 기법이므로 아시는 분도 많을지 모르겠습니다. 스캠퍼는 아이디어 창출을 위한 체크리스트를 말하는데, 각 항목의 머리글자에서 그 이름을 따왔습니다.

- Substitute(대체)
- Combine(결합)

- Adapt(적용)

- Modify(변형, 수정)

- Put to other uses(다른 용도로 활용)

- Eliminate(제거)

- Rearrange/Reverse(재배치/역전)

그럼 이제 어떻게 사용하는지 살펴보겠습니다. 저출산으로 인해 생일 케이크 매출이 침체 상태에 빠진 한 케이크 가게의 매출 개선 방법을 생각해 봅시다. 일단 AI는 사용하지 않고, 이 '아이디어 발상법'을 사용하여 차례로 자신에게 질문을 던져 봅니다.

[S] 대체

Q. 생일 케이크 그 자체를 대신할 수 있는 대체품은 없을까?

생일 기념 어드벤트 캘린더 등과 같이 생일 한 달 전부터 카운트다운을 즐길 수 있는 상품.

Q. 케이크를 구성하는 소재를 싼 것으로 바꿀 수는 없을까?

달걀 등과 같이 가격이 많이 오른 재료를 빼고 만드는 케이크.

Q. 포장 상자 등을 대체할 수 있는 것은 없을까?

케이크를 꺼낸 뒤 상자를 받침대로 삼아 2단 웨딩케이크처럼 호화롭게 보이게 함.

[C] 결합

Q. 생일 케이크를 무언가와 결합할 수는 없을까?

생일 기념 고기 세트(스테이크 등 식사의 단골 메뉴라고 할 만한 것을 만듦), 생일 꽃다발(나이와 같은 수량의 장미꽃다발) 등.

Q. 다른 케이크에 사용하는 재료와 조합해서 효율성을 높일 수는 없을까?

생일 축하 슈크림 빵 등, 나이와 같은 수만큼 구매하여 모두 함께 나눠 먹을 수 있게 함.

[A] 적용

Q. 다른 분야의 사례에 비슷한 것은 없을까?

컴퓨터 판매 시에 CPU나 하드디스크 등 옵션 구매를 권장하면서 고객 단가를 높이는 판매 방법을 응용하여, 예를 들면 딸기를 추가하거나 마지팬 캐릭터를 장식하는 등 옵션 메뉴를 만듦.

Q. 과거에 비슷한 상황은 없었는지?

생일 케이크가 조각 케이크였을 때 조각 케이크를 싫어하는 사람에 대응하기 위해 초콜릿 케이크 등 라인업을 늘렸던 과거 사례를 통해 '어른을 위한 생일 케이크'로서 단맛을 줄인 케이크나 여름철 생일 케이크로 아이스크림 케이크를 만듦.

[M] 변형, 수정

Q. 의미나 형태 등을 변형할 수 없을까?

홀 케이크는 자르기 성가시므로 가늘고 긴 막대형 케이크로 만들어 자르기 쉽게 함.

Q. (구매) 빈도를 얼마만큼 증가시킬 수 있을까?

하프 버스데이(생일 6개월 전을 기념) 등의 기념일을 만들어 절반의 홀 케이크를 사는 습관을 조성함.

[P] 다른 용도로 활용

Q. 그대로 뭔가 다른 데 사용할 수는 없을까?

'딸기는 몇 개 들어 있을까요?'와 같은 퀴즈 문제를 내어 정답을 맞히면 추가 선물을 하는 시스템을 제안.

Q. 만일 일부를 바꾼다면 다른 용도가 생길까?

'생일 축하해'와 같은 축하 메시지 플레이트와 더불어 본인에게 감사하는 마음을 전달할 수 있는 플레이트도 추가.

[E] 제거

Q. 제거하거나 생략할 수 있는 게 있을까?

나이에 맞춰 많은 초를 꽂기보다는 HBD Happy Birth Day와 같이 글자를 본뜬 것 등 범용적으로 사용할 수 있는 한 개의 초만으로 끝낼 수 있게 함.

[R] 재배치/역전

Q. 제조 과정을 바꾸는 것은 가능할까?

생일 케이크는 홀 케이크여야 한다는 생각에서 벗어나 '케이크 모둠'과 같은 상품을 만들어 다양한 맛을 즐길 수 있도록 함.

Q. 배치 등을 바꾸는 것은 가능할까?

소재가 균등하게 나열된 홀 케이크가 아니라, 일부분을 호화롭게 만들어 생일 당사자만이 사치스러운 기분을 느낄 수 있도록 한 케이크.

위와 같은 질문을 자신에게 던지면서 떠오르는 여러 가지 생각을 적어놓고, 생각이 떠오르지 않으면 멈추지 말고 다음 질문으로 진행합니다. 저는 이 정도의 아이디어를 내는 데만도 30분 정도 걸렸습니다.

┃ Chat GPT-4를 이용한 아이디어 창출 ①

그렇다면 이런 질문들을 AI에게 맡기면 어떻게 될까요? 프롬프트(질문 방법)를 어떻게 구성하느냐에 따라 더 좋은 아이디어가 나올 수도 있겠지만, 단순하게 다음과 같이 질문을 던져 봅니다.

당신은 케이크 가게의 점장입니다. 저출산·고령화의 영향 때문인지 최근에 생일 케이크 매출 자체가 떨어지고 있습니다. 생일을 기점으로 매출을 높여 가기 위해서는 어떠한 아이디어를 내면 좋을까요? 스캠퍼 기법에 따라 아이디어를 내주세요.

Chat GPT-4를 이용해 봤더니 실제로 다음과 같은 답이 돌아왔습니다.

스캠퍼 기법은 창의적인 아이디어를 창출하기 위한 테크닉의 하나입니다. 이 테크닉에 따라 생일 케이크 매출을 높이기 위한 아이디어를 아래와 같이 제시해 보겠습니다.

1. S (Substitute: 대체)
- 대체 재료로 건강 지향이나 특정 식사 제한(비건, 글루텐 프리 등)에 대응한 케이크를 제공.
- 전통적인 케이크 대신에 아이스크림 케이크나 색다른 케이크를 제공.

2. C (Combine: 결합)
- 케이크와 더불어 생일 카드나 꽃다발을 세트로 판매.
- 생일파티용 장식 세트(풍선, 깃발 등)와 케이크를 세트로 제공.

3. A (Adapt: 적용)
- 고령자용 케이크를 개발. 예를 들면 저당질이나 부드럽고 먹기 쉬운 것.
- 계절이나 이벤트에 맞춘 특별한 디자인이나 특별한 맛의 케이크를 제공.

4. M (Modify: 수정/확대/축소)
- 크기의 선택지를 늘려, 소인수에서 다인수까지에 대응한 케이크

를 전개.
- 전통적인 원형이나 사각형뿐 아니라, 독특한 형태와 디자인의 케이크를 제공.

5. P (Put to other uses: 다른 용도로 활용)
- 케이크 장식 워크숍을 개최. 고객이 자신의 생일 케이크를 원하는 대로 직접 만들 수 있게 함.
- 탄생일 이외의 기념일(결혼기념일이나 졸업, 입학 등)에 특화한 케이크를 제공.

6. E (Eliminate: 제거)
- 여분의 패키징을 줄여 환경친화적인 제품으로 PR.
- 간이형 케이크를 제공하여 가격을 낮춤.

7. R (Rearrange: 재배치)
- 온라인을 통한 케이크 주문을 강화하여 배달이나 테이크아웃 전용의 라인업을 충실화함.
- 케이크 위의 장식이나 과일의 배치를 원하는 스타일로 할 수 있도록 옵션을 제공.

위와 같이 스캠퍼 기법을 사용하여 다양한 각도에서 새로운 아이디어나 시도를 생각할 수 있습니다. 케이크 가게의 점장으로서 이러한 아이디어를 토대로 실제 시장이나 타깃에 맞춰 적절한 전략을 짜는 것이 요구되겠지요.

어떤가요? 꽤 좋은 아이디어가 나옵니다. 제가 30분 정도 시간을 들여 생각한 아이디어와 AI가 30초 만에 내놓은 아이디어 중 공통하는 것이 몇 가지 있습니다. 이 중에서 가능성이 있을 만한 아이디어를 픽업하여 확대해 나가거나 깊이 파고들어 보면 한층 더 쓸 만한 아이디어가 되어 갈 듯합니다.

이 밖에도 '오스본의 체크리스트'라는 유명한 아이디어 발상법을 AI에게 던져 보는 것도 효과적입니다. 이 발상법에 대한 설명은 모처럼의 기회이니 AI에게 부탁해 보기로 할까요?

오스본 체크리스트란 무엇인가요?

오스본 체크리스트는 아이디어 생성이나 브레인스토밍 시에 사용되는 일련의 질문과 기술을 말합니다. 이 체크리스트는 Alex F. Osborn이 자신의 저서 《창의력개발을 위한 교육》을 통해 소개한 것으로, 그는 사람들이 새로운 아이디어나 해결책을 생각할 때 이 테크닉을 사용해서 돕는 것을 제안하였습니다.
이하는 오스본 체크리스트의 일부입니다.

1. 대체 사용법 - 지금까지 생각하지 못한 다른 사용 방법은?
2. 적용 - 기존 아이디어를 어떻게 적용할 수 있을까?
3. 수정 - 무언가를 변경하여 새로운 것을 만들어 낼 수는 있을까?
4. 증대/증폭 - 무언가를 크게 하거나, 늘리거나, 강화하는 것은?
5. 축소/감소 - 무언가를 작게 하거나, 감소시키는 것은?
6. 대용 - 다른 것을 대신 사용할 수 있을까?
7. 배치전환 - 부품이나 요소의 순번을 바꾸는 것은 가능할까?
8. 역전/반전 - 반대 아이디어와 접근을 생각해 보는 것은?
9. 결합 - 다른 아이디어나 요소와 조합하는 것은 가능할까?

이 체크리스트는 아이디어의 창출이나 문제 해결 시에 새로운 관점과 접근을 얻기 위한 도구로 이용되고 있습니다.

▌Chat GPT-4를 이용한 아이디어 창출 ②

그렇다면 이번에는 앞서 했던 프롬프트와 마찬가지로 질문해 보겠습니다.

당신은 케이크 가게 점장입니다. 저출산·고령화의 영향 때문인지 최근 생일 케이크의 매출 자체가 떨어지고 있습니다. 생일을 기점으로 매출을 높여 가려면 어떠한 아이디어를 내면 좋을까요? 오스본 체크리스트에 따라 아이디어를 내 보세요.

오스본 체크리스트는 아이디어 발상을 위한 수법의 하나로 다음과 같은 관점을 제공합니다.

1. 대체 - 무언가를 다른 것으로 치환한다.
- 토핑이나 디자인을 자신의 기호에 맞춰 만들 수 있는 서비스를 제공한다.
- 보통 밀가루를 대체 재료(예: 글루텐 프리, 저당질)로 바꿔 건강을 지향하는 고객을 끌어들인다.
2. 결합 - 두 가지 이상의 아이디어나 기능을 결합한다.
- 케이크와 더불어 작은 선물이나 생일 카드를 세트로 제공한다.
- 생일 이외의 기념일(결혼기념일, 입학식, 졸업식 등)용 세트를 만든다.
3. 적용 - 다른 분야에서의 아이디어를 적용한다.
- 구독 서비스를 도입하여 정기적으로 케이크나 디저트를 제공한다.
- 카페 메뉴를 도입하여 매장 안에서 케이크를 먹거나 식사할 수 있도록 한다.
4. 확대/축소 - 크게 만들거나 작게 만든다.

- 큰 사이즈의 케이크를 그룹이나 가족용으로 판매한다.
- 싱글 사이즈나 미니 케이크를 1인용이나 소인수용으로 제공한다.
5. 다른 용도로 활용 - 다른 용도나 방법으로 사용한다.
- 생일 이외의 이벤트나 기념일, 홀리데이 시즌에 특화한 케이크를 제공한다.
- 케이크 키트를 판매하여 집에서 직접 장식을 즐길 수 있도록 한다.
6. 역전 - 반대의 생각을 한다.
- 고객이 케이크의 디자인이나 플레이버를 제안하는 콘테스트를 개최한다.
- '케이크 이외의 탄생일'을 주제로 한 상품이나 서비스를 제공한다.
7. 통합 - 두 개 이상의 부분을 결합한다.
- 케이크와 드링크 또는 아이스크림을 함께 제공하는 세트를 만든다.
- 케이크 만들기 워크숍이나 체험을 제공하여 그 자리에서 만든 케이크를 구매하는 옵션을 제공한다.

이러한 아이디어를 기초로 케이크 가게의 상황이나 지역의 특성, 타깃층의 기호를 고려하면서 구체적인 서비스와 상품을 전개해 보면 좋을 것 같습니다.

이 경우는 어떨까요? 유감스럽지만 앞서 서술한 스캠퍼 기법과 비슷한 답이 되었습니다. 여기서는 더 깊이 들어가지는 않겠지만, AI도 어떻게 사용하느냐에 따라서 혼자서 아이디어 창출을 해나갈 때 도움이 되는 존재라고 생각합니다.

'아이디어 발상법'이라는 키워드로 인터넷 검색을 하면 다양한 방법이 나옵니다. 그 방법들 가운데 어떤 방법을 사용하는 것이 자신의 아이디어 발상에 도움이 되는지 시행착오를 거쳐 보시기 바랍니다. 또한, 질문을 던지는 방법(프롬프트 만드는 방법)에 따라서도 아웃풋이 달라지므로 이에 대해서도 살펴보시면 좋을 것 같습니다.

혼자서 아이디어를 생각하다 보면 사고의 버릇이 있어서 아이디어에 편향이 생기므로 **360도 사고를 회전시키는 조력자로 AI를 활용하는 것은 얼마든지 가능하다**고 생각합니다. 이처럼 현 단계에서는 생성 AI가 견고한 아이디어를 창출하는 것은 아직 무리입니다. 그러한 사실을 고려하면 '좋은 아이디어를 기대하기'보다 좋은 아이디어를 창출하기 위한 '싹'을 발견한다는 의도로 사용하는 것이 좋을 듯합니다.

저는 아이디어에 대해 생각하기 시작하면 확산적인 방식으로 많은 가설을 세웁니다. 그 가설들을 넓히는 의미에서 생성 AI는 강력한 도구가 됩니다. 견고한 아이디어를 창출하기 위한 점프대로 삼아 보길 추천합니다. 다만, 이것은 2023년의 이야기로, 향후 AI는 아이디어를 창출하는 영역에서도 급속도로 발전해 가겠지요. 어떻게 사용해 나가면 좋을지, 어떤 관계를 맺어 나가면 좋을지는 도전하고 실패하는 반복적인 경험을 통해서 계속 찾아 나가면 좋을 것 같습니다.

가르침을 통해 진화한다: 베테랑이 계속 발전하기 위해 실천해야 할 것

오래전부터 가지고 있던 의문이 있습니다. 어린이나 젊은 세대는 속도의 차이는 있어도 기본적으로 모두 성장해 가는데, 어느 정도 베테랑이 되면 계속 성장하는 사람과 성장이 멈추는 사람이 있는 이유가 뭘까, 아니 오히려 퇴화하는 것처럼 보이는 사람이 많은 이유는 뭘까 하고 말입니다. 조금 오래된 책인데 윌리엄 스마일리 하웰William Smiley Howell의 저서 《감성의 커뮤니케이션The Empathic Communicator》이라는 책 안에 그 힌트가 있었습니다. 그 책 안에 '학습 과정'으로서 도달하는 능력의 레벨을 다음 4단계로 구분하고 있습니다.

1단계 – 무의식적 무능력Unconscious Incompetence

2단계 – 의식적 무능력Conscious Incompetence

3단계 - 의식적 능력Conscious Competence

4단계 - 무의식적 능력Unconscious Competence

▌무의식적 능력을 의식화하여 적용하기

학습 과정 4단계는 자동차 운전에 비유해 보면 이해하기 쉽습니다. 기술의 숙달이라는 의미에서는 이 4단계와 같이 진행해 나가는 것이 보통입니다. 네 번째의 '무의식적 능력'을 갖춘 사람은 업무 처리도 스트레스 없이 정확하고 편하게 해냅니다. 하지만 거기서 더 성장하려면 다섯 번째 단계를 설정할 필요가 있습니다.

하웰의 책에는 쓰여 있지 않지만, '학습 과정'은 다섯 번째 단계가 있다고 생각합니다. 그것은 바로 **5단계 무의식적 능력을 의식화하여 구체적으로 적용하는** 일입니다. 말하자면 내부화된 지식(암묵적 지식)을 외부화된 지식(명시적 지식)으로 바꿈으로써 객관화할 수 있게 되고 더불어 정밀도가 높아진다는 의미입니다. 이는 최상위급 프로 스포츠 선수가 자신의 기술을 더욱 발전시켜 나가는 과정과도 비슷하지 않을까 싶습니다.

게다가 **무의식적 능력을 의식화하여 업무에 적용할 수 있게 되면 남을 가르칠 수 있게 됩니다.** 이는 본인 이외의 다른 사람도 '재현할 수 있게 된다'라는 뜻입니다. 또한, 그 기술을 단독으로 사용하는 데 그치지 않고 다른 기술과 조합하여 '응용'도 할 수 있게 됩니다. 이처럼 남을 가르치는 교육과 다른 기술로의 응용을 의식함으로써 베테랑 역시 더 큰 성장을 이룰 수 있지 않을까요?

저도 이 책을 쓰면서, 제 안에 체계가 서 있지 않은 부분을 발견하기도 하고 미숙한 점이 있음을 통감하기도 합니다. 그럼에도 불구하고 이렇게 전달하려고 노력함으로써 더욱 발전해 갈 것이라 믿고 있습니다.

첫 회의에서 기대치를 올려야 하는 이유

광고 대행사에 근무하던 시절 후배가 종종 "자신의 아이디어가 팀 내부에서 정당하게 평가받지 못한다"라며 상담을 요청하곤 했습니다. 좋은 아이디어인 것 같은데도 선택받지 못한다면서 말입니다. 어쩌면 정말로 좋은 아이디어에까지는 도달하지 못했을 수도 있을 테고, 설령 좋은 아이디어였다고 해도 전달 방법이 미숙한 탓에 좋은 평가를 받지 못하는 측면도 있었으리라 생각합니다. 또한, 유감스럽게도 리더의 역량 부족으로 인해 좋은 아이디어를 가려내지 못해 정당하게 평가받지 못했을 수도 있습니다. 저도 젊은 시절에는 비슷한 고민을 안고 있었으므로, 그때 실천했던 방법을 소개하겠습니다.

깜짝 놀랄 만큼 준비를 잘해서 자신에 대한 평가를 바꾸자

제가 신입 시절 느꼈던 불만은 비슷한 아이디어임에도 이미 실적이 있는 선배의 아이디어는 소중하게 여기는 데 반해서 내 아이디어는 중요하게 취급받지 못한다는 점이었습니다. 그때 제가 세운 가설은 '어떤 아이디어인가' 하는 본질적인 평가와 더불어 '누가 낸 아이디어인가'라는 요소가 아이디어 선정에 영향을 미치고 있다는 것이었습니다. 팀의 리더로부터 평범한 수습 직원이라고 여겨진다면 '저런 어린 친구한테서 좋은 아이디어가 나올 리 없다'라는 편견으로 정당하게 평가받지 못할 수도 있겠다고 생각했습니다. 그래서 제가 세운 작전은 처음 함께 일하는 팀 리더(제 업무와 연관지어 말하면 크리에이티브 디렉터)와는 첫 업무 회의 시에 모든 것이 결정되리라 생각하고 깜짝 놀랄 정도로 준비를 잘해서 나에 대한 평가를 바꿔 놓자는 것이었습니다. 광고 업무로 말하자면 클라이언트와의 오리엔테이션에서부터 일이 시작될 것으로 생각되지만, 그에 앞서 광고 대행사의 사내 미팅으로서 새로운 팀원들과 얼굴을 마주하고 자기소개를 비롯해 클라이언트 기업과 제품, 나아가 비즈니스적인 과제에 대한 정보의 인풋이 이루어집니다.

저는 신입 시절 사내 대면 회의 시에는 늘 120%로 준비해서 임하려고 노력했습니다. 이를테면 'A사의 오랜 대표 초콜릿이 지명도는 있는데 해마다 매출이 감소하는 경향을 보여서 브랜드 재구축이 요구되고 있다'라는 주제에 관해서만 정보를 듣고 첫 사내 회의를 하는 상황이 된다고 가정해 봅니다. 그 회의를 위해 최선을 다해 사고 회로를 돌리면서 그 사고 과정 전부를 서면으로 작성하여 참석합니다. 물론 처음부터 제대로 갖춰진 기획서로 완성해 놓을 필요는 없습니다. 목적은 '이 사람은 아이디어를 구축해 나감에 있어서 이 팀에 빼놓을 수 없는 구성원이 될 것 같다' 하고 팀의 리더가 생각하도록 만들기 위함입니다. 그러므로 모두의 사고가 다방면으로 움직이기 시작할 재료를 제시하여 자신이 잘하는 영역을 느끼게끔 하면 됩니다.

첫 사내 회의에 가지고 가야 할 자료는

지금 막 일을 시작한 신입이라면 다음과 같은 관점에서 자료를 만들 것 같습니다.

- 한 사람의 소비자로서 그 상품과 관련하여 어떤 체험이 있었는지 시계열로 제시해 나간다.
- 본인 이외의 친구, 동료, 부모 등에게 얘기를 듣고 그 상품에 대한 체험의 변화나 인상을 알아낸다.
- 주변 분야도 포함해서 시장을 분석하여 승기를 잡는다.
- 경쟁 상품의 움직임을 추적하면서 왜 그 상품이 잘 안 팔리게 되었는지 요인을 분석한다.
- 대량 생산 제품뿐 아니라 개인 상점이나 SNS에서 좋은 평가를 받기 시작한 가게 등의 동향을 살피면서 초콜릿을 둘러싼 트렌드를 알아낸다.
- 지명도가 있음에도 매출이 감소했던 상품이 V자 회복을 이룬 사례를 아날로지적 사고를 통해 타 분야에서 찾아내어 부활의 힌트를 찾는다.
- 소셜 이슈 등 사회적 과제 해결을 위해 그 상품이 할 수 있는 역할은 없는지, 타 분야도 포함해서 그러한 접근으로 성공한 사례는 없는지를 찾아본다.
- 이상을 바탕으로 전체 전략의 가설이나 핵심 아이디어를 제시한다.
- 이상의 관점에서 광고 커뮤니케이션으로 해결할 수 있다는 가설

과 아이디어를 제시한다(캐치프레이즈, 셀럽 기용, TV 광고나 그래픽 아이디어 등).

- 이상의 관점에서 프로모션 시책으로서의 가설과 아이디어를 제시한다(제휴, 유통 대책, SNS와 관련한 아이디어, 인플루언서 시책, 이벤트, 샘플링 등).
- 이상의 관점에서 상품 전략으로서 협업, 한정상품, 상품 라인업의 재배열 등을 생각한다.
- 이상의 관점에서 전략 PR 등 상품을 구매하고 싶어지는 분위기를 만들기 위한 가설과 아이디어를 생각한다.

'A사의 오랜 대표 초콜릿이 지명도는 있는데 해마다 매출이 감소하는 경향을 보여서 브랜드 재구축이 요구되고 있다'라는 단 한 줄의 정보만으로도 사고가 상당히 진행됩니다. 이러한 사고 프로세스를 그대로 파워포인트에 옮겨 놓으면 30페이지 정도는 되므로, 이것을 첫 사내 회의에 가지고 가는 것입니다.

자신이 처한 상황을 바꾸기 위한 아이디어의 실천

하지만 이것을 처음부터 제시하는 것은 좋은 생각이 아닙니다. 기본적으로 첫 미팅은 사전 인풋의 자리이므로 처음에는 조용히 듣고 있는 것이 중요합니다. 그리고 인풋이 어느 정도 끝나면 대체로 가벼운 브레인스토밍을 하는 자리가 되므로 그때 "조금 생각해 본 게 있는데 얘기해도 될까요?" 하고 말하면서 발표하는 것이 좋습니다. 그러면 어떨까요? 아이디어를 가지고 모이는 자리가 아니므로 팀의 리더를 비롯하여 주위 사람들이 꽤 놀라겠죠. 그리고 제시한 분석이나 가설, 아이디어를 토대로 브레인스토밍이 활성화됩니다.

더불어 당신에 대한 평가는 단순한 수습 기획자에서 팀에 중요한 기획자로 바뀝니다. 제 경험으로는 팀의 리더와 초면이었음에도 그 자리에서 "이 안건의 기획서는 니토 씨가 맡아서 정리하는 게 좋을 것 같으니 부탁해도 될까요?"라는 경우가 여러 차례 있었습니다.

이런 업무 방법도 크게 보면 '아이디어'라고 부를 수 있다고 생각합니다. 자신이 처한 상황을 'A → A"로 바꾸기 위한 아이디어의 실천이라고 말할 수 있지 않을까 싶습니다. 아이디어는 기획을 만드는 것뿐아니라 기획을 통과시키기 위해 또는 기획을 확대하거나 기획을 실행하기 위한 부분에서도 많이 활용되는 것입니다. 첫 회의 자리에서 '유능하다' 또는 '재밌는 사람이다'라고 여겨지면 제시한 기획에 대한 태도도 달라지게 마련이지요. 설령 신입 직원의 기획이라고 해도 말이죠. 분명 경청해 줄 테니 꼭 한번 실천해 보시기 바랍니다.

회의 자리에 아이디어를 많이 가지고 가지 못했을 때의 대처법

참고로 이 '첫 회의에서 기대치를 올려야 하는 이유'에는 부산물도 있습니다. 그것은 두 번째 이후의 미팅에 아이디어를 많이 가지고 가지 못한다고 해도 그 이유를 제대로 받아들여 주고, 그다음 미팅까지 유예를 받을 수 있다는 점입니다.

젊은 기획자는 스스로 안건의 수를 조절하지 못하는 측면도 있으므로 시간이 부족해서 충분한 자료를 만들지 못하는 일도 있습니다. 그럴 때도 첫 회의 때 보여준 '깜짝 놀랄 만한 양의 아웃풋'을 모두가 알고 있으므로 정말로 시간이 없었나 보다 하고 받아들여 줍니다. 그럴 때는 "이 부분을 좀 더 파고들어서 다음 회의 때 이 아이디어를 발산해 보겠습니다" 하고 스스로 설정한 과제를 예고하면 위기를 넘길 수 있습니다. 다만, 이러한 유예를 사용할 수 있는 것은 한두 번 정도지 빈번히 반복하다가는 처음에 심어 놓은 신뢰가 물거품이 될 수도 있으니 주의가 필요합니다. 아이디어 관련 업무를 담당하는 신입 사원들의 처세술로는 '꽤 쓸 만한 것'이라고 생각하므로 혹시 괜찮다면 실천해 보시기 바랍니다.

4장

팀 차원에서
아이디어를
창출하는 기술

혼자서 아이디어를 내는 데는 한계가 있다

이번 장에서는 개인이 아니라 팀 차원의 아이디어 창출을 위한 기술에 대해서 말씀드리고자 합니다. 왜 팀 차원에서 아이디어를 창출해야 할까요? 그 이유는 혼자서 아이디어를 내는 데는 한계가 있기 때문입니다.

아이디어에 대해서 다음과 같이 세 가지로 분류해 보겠습니다. 두 번째 장에서 소개했던 엘리베이터 대기 시간으로 인한 짜증을 줄이는 아이디어를 돌이켜 생각해 보면 각각의 아이디어가 세 가지 유형에 해당한다고 생각합니다.

① 자신이 생각해 낸 아이디어
② 자신이 아이디어를 낼 수 있을 것 같았는데 내지 못한 아이디어(듣고 보니 그런 것도 있었지, 싶은 것)

③ 자신이 전혀 상상도 못 한 아이디어

사실은 혼자서 가능한 것은 ①뿐으로, ②와 ③은 타인과 함께 아이디어를 생각해야 비로소 나오는 것입니다. 팀 차원에서 생각할 때의 장점은 아이디어를 이른바 추렴한다는 것 말고도 더 있습니다. 그렇게 각자가 가지고 온 아이디어를 토대로 논의하여 한층 더 좋은 아이디어로 만들어 가거나 누군가의 아이디어와 누군가의 아이디어를 조합하여 견고한 아이디어로 만들 수 있다는 점입니다. 아직 아이디어가 되지 못한 누군가의 번뜩임에서 빅 아이디어의 광맥을 발견하는 것도 팀으로 생각하기 때문에 가능한 일입니다.

첫 번째 장에서 세 번째 장까지는 주로 아이디어를 창출하는 구조와 그 요령 및 방법을 설명했습니다. 머릿속에서 어떤 사고가 아이디어를 창출하는 가속 페달이 되고 있는가 하는 점에서 풀어 나가 봤습니다. 어땠나요? 자신의 사고 습관 같은 것을 자각하는 계기가 되었을까요?

또한, 아이디어를 창출하기 위한 사고의 근력 훈련에 대한 필요성을 전달했습니다. 아직 전체를 충분히 다 설명하지는 못했습니다만, 스포츠 경기에서 기초가 되는 '몸을 움직이는 법'을 습득하는 것이 중요하듯 **아이디어를 창출하기 위한 '머리를 움직이는 법'이 있음**을 아셨으리라 생각합니다.

사회인을 대상으로 연수를 진행할 때면 **"팀 차원에서 아이디**

어를 내려면 어떻게 해야 하나요?"라는 질문을 꽤 많이 받습니다. 한마디로 말씀드리기는 어렵다 보니 '구체적으로 어떤 점에서 곤란을 겪고 있는지'를 되묻곤 합니다. 그럼 그 다양한 사례 가운데 공통적인 고민도 많이 보입니다. 그래서 이후의 장에서도 교과서적으로 설명하기보다 비즈니스 현장에서 곤란할 만한 상황을 토대로 말씀드리고자 합니다.

'정답'이라는 속박을
어떻게 풀 것인가?

사회인 대상, 특히 **관리자층 대상의 연수를 진행할 때 자주 받는 질문**이 "부서나 팀 차원에서 아이디어를 내보려고 생각해도 잘 안된다"라는 고민입니다. 이들의 얘기는 크게 두 가지로 나눌 수 있습니다.

하나는 "애초에 좋은 아이디어가 나오지 않는다"라는 고민입니다. 부서 내에서 아이디어를 내려 해도 평범한 것이거나 어디선가 들어 본 것 같은 아이디어밖에 나오지 않는 경우입니다.

또 하나는 **브레인스토밍이나 토론이 전혀 활성화되지 않는다**는 점입니다. 경청도 하고 최대한 의견을 수렴해 보려고 하는 등 하나의 발언에서 넓혀 나가 보려고 노력하지만, 팀원들의 발언 자체가 길게 이어지지 않고 말이 끊긴다는 것입니다.

여러분의 직장에서는 어떤가요? 두 가지 모두 '꽤 있을 법'

한 고민입니다. 사실 이 두 가지 고민의 근본은 같은 부분에 있습니다. 그것은 많은 사람이 '비즈니스 현장에서 아이디어를 내는 것에 익숙하지 않다'라는 사실입니다. '비즈니스 현장'에서는 이러이러해야 한다고 하는 고정관념이 아이디어 발상을 방해하는 경우가 많은 것 같습니다.

또한, 비즈니스 현장에서는 지식과 경험을 중시합니다. 이는 학창 시절에 했던 공부와 겹치는 부분이 있습니다. 시험 문제의 정답은 하나인 것과 마찬가지로 비즈니스에서도 지식에 의해 정답이 정해지다 보니 비즈니스에서든 시험공부에서든 '정답은 하나'로 파악하는 측면이 있는 듯합니다. 하지만 **아이디어를 창출하고자 할 때는 '정답은 하나가 아닌' 경우가 대부분이라고 전제하는 것이 중요**합니다.

이것은 '지식'뿐 아니라 '경험'에도 적용되는 이야기입니다. 모든 비즈니스 현장에서 '과거의 성공 사례'를 고집하는 까닭에 비즈니스 환경의 변화에 대응하지 못하고 잘못되어 버리는 예가 있듯이, 의심도 하지 않고 경험에서 정답을 도출하는 것은 위험합니다. 그런 문화가 있는 조직에서 그 조직의 지식이나 경험에 근거하여 상사가 아이디어를 판단한다면 아이디어에 관한 활발한 논의를 하지 못하게 됩니다.

▌아이디어를 창출하기 위한 '환경 만들기'가 중요

저는 아이디어 전문가로서 일하는 경우가 많기는 하지만,

제 아이디어가 꼭 양질의 것이라고 생각하지는 않습니다. 또 100% 좋은 아이디어만을 제안하는 사람이었던 적도 없습니다. 최대한 좁히고 좁혀 봤을 때, 좋아 봐야 타율이 50% 정도일 것이고, 평균적으로는 20~30% 정도가 아닐까 싶습니다. 좋은 아이디어의 비율을 뜻하는 표현으로 "1,000개 중 3개"라는 표현이 있는데, 좋은 아이디어일 확률이 1,000개 중 3개라는 의미입니다. 저는 그 정도의 비율이라면 동기부여를 유지하기가 어려워지므로 그렇게까지 확률이 낮지는 않다고 생각합니다. 아무튼 머리에 떠오른 것 중 실행 가능한 것은 1%도 될까 말까 하는 정도의 확률입니다. 그러므로 좁히고 좁혀서 뽑아낸 아이디어를 제시하기보다는 계속해서 아이디어를 내는 편이 팀원 간의 의견 교환이나 논의를 활성화시킨다고 생각하며, 매일 아이디어를 내고 있습니다.

아이디어를 낼 때도 저는 '정답인지 아닌지 알 수 없다'라는 자세로 임하면서 팀원들에게도 그렇게 전달하고 있습니다. 그것이 정답이 되도록 할 수 있을 때까지 실행할 수 있느냐 아니냐에 따라 아이디어에 대한 평가도 달라지므로, 그다음은 아이디어를 확장해 나가면서 실현을 위해 또다시 아이디어를 더해 간다는 자세라고 할 수 있을 것 같습니다(물론 그런 과정에서 '이 아이디어는 아니었다' 하고 아이디어를 버리고 다시 한 번 출발선으로 되돌아가는 판단도 중요합니다).

고등학교나 대학교에서의 공부와 그 목표라고 할 수 있는 시험에는 '문제에 정답이 있고 지식에 의해 정답과 오답이 결정 되며 나아가 우열을 가리게 된다'라는 가치관이 담겨 있습니 다. 이는 아이디어에 해로운 가치관입니다. 상하관계가 덜한 수 평적 조직은 비교적 아이디어가 나오기 쉬운 환경이라고 할 수 있습니다만, 상사나 선배의 말이 옳다는 전제가 깔린 조직은 아 이디어가 잘 나오지 않는 환경임을 의식할 필요가 있습니다. 그 렇기에 좋은 아이디어를 창출하기 위해서는 **아이디어 창출을 위한 '환경 만들기'가 중요**합니다.

애초에 아이디어 창출에
'좋은 방법'이 있을까?

　그렇다면 아이디어를 팀 차원에서 창출한다고 할 때 어느 정도의 인원이면 좋을까요? 또 아이디어를 모으는 방법이나 내는 방법에는 어떤 방법이 있을까요?

　먼저 인원수에 대해서 생각해 보기로 하겠습니다. 최소 인원은 두 명부터입니다. 두 명 또는 세 명의 적은 인원일 때는 어떻게 하면 팀으로서의 상승효과를 낼 수 있을지를 의식해야 합니다. 예를 들어, 제조사의 신규사업 개발 프로젝트를 담당했을 때, 저는 두 명씩 짝을 이룬 여덟 개의 팀을 만들었습니다. 그리고 각 팀의 구성원을 개발 부문의 사람 또는 영업 부문의 사람 등과 같이 직종이나 전문 분야가 서로 다른 사람끼리의 조합으로 구성했습니다. 그리고 이 프로젝트의 오리엔테이션에서 "입장이 서로 다르다는 이유로 쌍방이 타협하여 아이디어를 조율

하지 말고, 각자의 입장을 전면적으로 내세우면서 논의하도록 하세요"라고 설명했습니다. 엔지니어와 마케터 각각의 입장에서 서로 부딪히면서 아이디어를 갈고닦아 나가는 게 독특한 신규사업 개발로 이어지리라는 노림수가 있었습니다.

물론 이 사례는 하나의 예입니다. 이 기업은 개발 부서 내부적으로 사업 개발 프로젝트를 진행해 온 경험이 많고, 또 전사적으로 사업 기획 콘테스트를 개최하기도 해서 제가 담당한 프로젝트는 다른 접근 방법을 취했습니다.

물론 인원수가 적거나 같은 부서, 같은 구성원이어도 괜찮습니다. 하지만 그 경우에도 '어떻게 해서 팀으로서의 상승효과를 낼 것인가'를 의식해야 합니다.

▌피자 두 판을 나눠 먹을 수 있을 정도의 인원이 팀으로서 적당

그렇다면 팀 인원수의 상한은 어디까지가 좋을까요? 아마존의 제프 베조스Jeff Bezos가 언급한 '피자 두 판의 법칙'이라는 것이 있습니다. 피자 두 판을 나눠 먹기 딱 좋을 정도의 인원이 팀으로서 최적이라고 하는 이 사고방식은 아이디어를 팀 차원에서 창출할 때도 참고가 됩니다.

팀으로 아이디어를 생각할 때 피해야 할 것은 팀원들이 자기 자신을 지키려고 신중해지는 일입니다. 많은 사람 앞에서는 발언에 신경을 쓰면서 실패하고 싶지 않다고 생각합니다. 똑똑한

척하는 것도 회의에 참석하는 인원이 많아지기 때문일 겁니다. 그런 의미에서는 적어도 8명을 상한으로 생각하는 것이 좋습니다. 5인 정도의 회의체로 진행하는 것이 가장 이상적이라고 생각합니다. 저의 경험칙상 인원수가 그 이상이 되면 대화 자체도 힘들어지고 회의체 안에서 자신의 역할을 찾고자 제각각 멋대로 움직여 아이디어 창출이라는 목적에 대한 인식이 옅어지게 됩니다.

브레인스토밍 시 좋은 아이디어가 나오지 않을 때의 대처법

이번에는 **브레인스토밍이나 논의가 활성화되지 못해서 좋은 아이디어가 나오지 않는다**는 고민에 관하여 생각해 보기로 하겠습니다. 이 경우 문제점은 어디에 있을까요?

하나는 앞서 언급한 바와 같이 '지나치게 정답을 요구하는' 점에 있을지도 모르겠지만, 그 밖에도 팀 조합 방법이나 브레인스토밍 진행 방법에 문제가 있을 듯합니다. 여기서는 브레인스토밍의 정의 및 설명은 생략하기로 하고, 대개는 팀 조합 방법에 문제가 있는 사례가 많은 것 같습니다.

"부서 내부적으로 다음 분기 매출 상승을 위해 브레인스토밍을 진행한다."

"팀 내부적으로 신규사업에 관한 아이디어에 대해서 서로 이야기한다."

"우리 과의 내년 방침에 대해서 서로 아이디어를 낸다."

이 같은 브레인스토밍이 좀처럼 이루어지지 않는다는 상담이 종종 들어옵니다. 앞서도 말했듯이 15명 정도의 부서원 모두가 함께 이야기를 나눈다고 해도 활발한 논의는 결코 기대할수 없습니다. 그러므로 하다못해 세 팀 정도로 나눠 브레인스토밍을 진행한 후 각 팀이 서로 아이디어를 공유하길 추천합니다. 이때 중요한 것은 팀 구성도 아이디어를 가지고 해야 한다는 사실입니다. 단순하게 무작위로 정해서는 안 됩니다. 왜냐하면 순조롭게 진행되었는지 아닌지가 순전히 운에 따른 것이 된다면 재현성이 낮아지기 때문입니다. 분명 집단마다 좋은 아이디어가 나오기 쉬운 구성이라는 게 있습니다.

그렇다면 팀을 구성할 때는 어떤 가설을 토대로 진행하면 될까요?

▌ 첫째, 어떻게 하면 모두가 심리적 안전감을 유지할 수 있을까?

먼저 **심리적 안전감**을 확보하는 것이 중요합니다. 예를 들어, 회의 자리에 부서의 윗사람을 부르는 게 마이너스로 작용하는 사례가 많습니다. 그 이유는 회의의 주도권을 뺏기거나 뺏기지 않더라도 상사에게 좋은 평가를 받을 만한 아이디어만 낸다거나 구성원들이 위축되어 언행을 조심하려고 신경 쓰기 때문입니다.

또한, 남성만으로 구성된 팀에 여성이 한 사람 있다던가 연령층이 높은 팀에 젊은 친구가 한 사람 있는 경우도 다른 관점이 들어가거나 약간의 긴장감이 생기면서 잘 기능하는 사례가 있는가 하면 위축되는 사례도 있을 수 있습니다. 물론 사람이나 조직의 분위기에 따라 달라지기도 하지만, 어쨌거나 누군가의 심리적 안전감을 유지하지 못하는 것은 좋지 않습니다.

구성원 모두의 심리적 안전감이 확보되었는지를 검증하기 위해서라도 '이런 식으로 팀을 구성한다면 심리적 안전감이 확보되겠지'라는 가설을 세우고 팀을 구성하는 것이 좋습니다.

▌둘째, 특성별로 팀을 구성할 것인지, 다양하게 팀을 구성할 것인지

팀을 구성할 때는 복권을 사는 것처럼 우연에 맡기지 말고, 이왕이면 리더가 자의적으로 구성해 보길 추천합니다. 팀 구성 방법에 가설을 세워 어떤 식으로 팀을 구성하면 제대로 기능할지 시험해 보는 것이 좋습니다.

'특성별 팀 구성'이라고 하면 주니어 팀 대 시니어 팀, 또는 내근 팀 대 영업 팀과 같이 구성될 수 있습니다. 이러한 팀 구성의 장점은 "맞아, 맞아" 하고 서로 공감하면서 의견이 점점 쏟아져 나온다는 점입니다. 아이디어를 각각의 팀 차원에서 발전시켜 나가기에도 적합합니다.

'다양성이 있는 팀'은 앞서 언급한 특성별 구성과 같이 나이나 직종 등으로 팀을 구성하는 것이 아니라, **되도록 여러 가지 속성을 지닌 사람들이 섞이도록 팀을 짜는** 것을 말합니다. 다양성이 있는 팀의 경우 공감이 적고 아이디어 생산이 불활성화하는 경우가 있습니다. 그럴 때는 리더가 "가능한 한 **'내가 보기엔 이렇게 보인다'라는 식으로 자기 의견을 서슴없이 내놓도록** 하죠" 하고 이끌어 주면 논의가 활발하게 이루어질 수 있습니다.

이 밖에도 여러 관점이 있겠습니다만, 팀 차원에서 아이디어가 쉽게 나올 수 있도록 하기 위해서는 가설을 세워 여러 가지를 시도하는 것이 좋습니다.

한자리에 모였음에도
아이디어가 나오지 않는 것은 리더의 책임

갑자기 브레인스토밍을 진행하는 것도 좋지만, 팀원 개개인이 아이디어를 내기 쉽게 하려면 준비 운동이나 적절한 도움닫기가 필요합니다. 그 시간과 기회를 확보하기 위해서라도 **각자가 아이디어에 대해서 생각할 수 있도록 '숙제'를 내어 미리 생각해 보도록** 하면 좋습니다.

숙제를 내어 아이디어를 가지고 모일 수 있게 된다면 아이디어의 수는 저절로 모이기 시작합니다. 예를 들어, 5인 구성의 팀으로 아이디어를 생각할 때 한 사람이 아이디어를 10개씩 가지고 오기만 해도 다음 회의 때는 50가지 아이디어에서 시작할 수 있다는 말입니다. 또한, 팀원들에게 '숙제'라는 형태로 아이디어를 가지고 오도록 할 때도 적절한 궁리가 필요합니다.

┃ '숙제 내는 방법'에 따라
아이디어의 수는 물론 질도 달라진다

앞서도 말했듯이 광고 대행사의 크리에이티브 부서에 근무할 당시, 저는 처음엔 아이디어를 잘 내지 못했었습니다. 하지만 경험을 쌓고 아이디어를 스스로 낼 수 있게 되면서 어느 사이엔가 팀의 리더를 맡게 되었습니다. 그러면서도 저 역시 아이디어를 겨우겨우 내는 형편이라 후배들에게 어떤 의뢰를 하면 좋을지 모르겠더군요.

고객의 요청을 듣고 저는 팀원들에게 전달했습니다. "자아, 각자 자유롭게 생각해 보고 이틀 뒤 각자의 아이디어를 가지고 회의하도록 하죠." 그랬더니 어땠을까요? 결과는 크게 두 가지로 나뉘었습니다.

경험이 있는 팀원들은 "이런 관점에서 생각해 봤습니다", "이 부분이 큰 과제라고 생각해서…" 등 여러 가지 가설을 토대로 한 아이디어를 잇달아 꺼내 놓았습니다.

한편, 신입에 가까운 젊은 친구들은 좀처럼 아이디어를 펼쳐 보이지 못했습니다. 제가 재촉하자 그제야 "생각은 해 봤습니다만…" 하고 말하면서 여건의 정리나 사례를 조사해 보았다는 정도에 그쳤고, 아이디어를 하나도 내지 못하는 팀원도 있었습니다. 물론 신입 중에서도 천진난만하게 많은 아이디어를 생각해 온 친구도 있었지만, 대부분은 아이디어를 내지 못했습니다.

리더가 되고서도 저는 또 이 문제에 직면하게 되었습니다.

'숙제를 내는 방법'에 따라 아이디어 제로 문제를 해결할 수 있을지 없을지, 여러 가지를 시도하고 실패하면서 시행착오를 거쳤습니다. 그 가운데 몇 가지 효과적인 방법이 있었으므로 소개하고자 합니다.

▎ 가지고 올 아이디어의 수를 정하기

어느 날 "자, A라는 상품을 젊은 친구들이 사고 싶다고 생각하게끔 할 만한 프로모션 아이디어를 한 사람당 10개씩 가지고 내일 다시 모이자고요"라고 전달했습니다. 그 결과는 어땠을까요? 팀원 모두가 10개 이상의 아이디어를 들고 왔습니다. 아이디어 수를 좀처럼 늘리지 못했던 친구도 포함해서 말입니다. 이 방법은 광고 대행사와 같이 기획을 생각하는 것이 업무인 회사뿐 아니라, 평소 기획과 무관한 업무를 하는 회사나 그룹에 대해서도 효과적이었습니다. 이처럼 명확하고 일정한 수량의 기획을 생각해 오도록 주문했더니 모두가 가지고 올 수 있게 되었습니다.

▎ 중요한 것은 '일단 정답 찾기는 뒤로 미룰' 것

왜 이러한 효과가 생겼을까요? 그것은 팀원들이 **'일단 정답 찾기를 뒤로 미뤄 둘 수 있었기'** 때문입니다. 물론 그전에도 "옳은 아이디어를 가지고 와라"라고 말한 적은 없었습니다. "아이디어를 많이 생각해 내는 것이 좋다. 모두가 일단은 많은 아이디어를 내 보고 거기서 하나를 선택하자"라는 조언을 했었습니다. 그러함에도 아이디어를 내는 단계에서 '정답'을 찾는 팀원들의 '아이디어의 브레이크 페달'을 해제하지는 못했습니다. 그런데 10개라는 명확한 수치를 제시했더니 마침내 정답을 찾으려는 속박에서 벗어날 수 있었습니다.

팀의 리더가 해야 하는 일은 가지고 온 아이디어가 정답이 아니어도 된다는 사실을 팀 전체의 공통적 이해로 만드는 일입니다. 시시해 보이는 아이디어라도 누군가를 자극한다면 빅 아이디어로 바뀔 수 있음을 거듭 전달하는 것이 중요하죠. 그리고 그렇게 말을 해도 움직이지 않을 때는 각자가 '가지고 와야 할 아이디어의 수를 정하는' 등 구조를 바꿔 보세요.

▎생각할 주제의 범위를 좁힌 후에 많은 아이디어를 모으기

생각해야 할 주제와 어디까지 생각해야 할지가 분명하지 않으면 아이디어의 수준도 제각각이 되고 맙니다. 가령, 인구 감소 마을의 정착 인구를 늘리기 위한 아이디어를 생각한다고 가정해 볼까요? 이 경우에도 갑자기 과제 그 자체를 꺼내 놓기보다도 생각할 주제 그 자체를 좁혀 보면 아이디어가 나오기 쉬워집니다. 갑자기 정착 인구를 늘릴 아이디어를 생각하기보다는 "시험 삼아 살아 보도록 하기 위한 아이디어에 대해서 생각해 보자"라고 하는 편이 훨씬 생각하기 쉽지 않을까 싶습니다.

몇 가지 예시를 들어 보겠습니다. 두 번째 장에서 살펴봤던 것처럼, '지역이 껴안고 있는 과제를 연간의 연구 주제로 삼으면서 종합적인 학습 효과가 있을 만한 산촌 유학'이나 '도시의 기업과 제휴하면서 파견 형태의 인사 교류 구조' 등의 예를 제시합니다. 이처럼 예시를 드는 것은 어느 정도의 수준으로 아이디어를 발굴하여 가져가면 좋을지에 대한 기준이 됩니다. 이 기준을 너무 깊게 설정하면 또다시 아이디어를 가지고 오는 일이 활발하게 이루어지지 못하게 되므로 어느 정도의 수준으로 할지가 중요해집니다.

다음 세 가지에 대해서는 팀의 리더가 사전에 설정하거나 어느 것을 명확하게 할 것인지를 확실하게 제시하는 것이 좋습니다.

첫째, 타깃(누구에게 제공할 아이디어인가?)

둘째, 접근(어떤 아이디어라면 실현성이 있을지 등 목표에 도달하기까지의 방법이나 아이디어의 수준 정도)

셋째, 목표(이 프로젝트가 성공하면 타깃이 어떻게 바뀌어 갈까?)

주제가 제시된 후 막연하게 "각자 자유롭게 생각해 봐라"라고 주문하면 대체로 순조롭게 진행되지 않습니다. 리더로서 시행착오를 경험해 보는 것도 도움이 됩니다.

수평사고라는
'장'을 설정하기

아이디어를 내기 위한 회의를 진행할 때는 어떠한 목적을 위한 것인지 '장'을 설정하면 좋습니다. 그때 팀의 리더는 논리적 사고Logical Thinking가 아닌 측면적 사고Lateral Thinking를 하는 장임을 의식하면서 회의를 진행해야 합니다.

논리적 사고는 **수직사고**라고도 불립니다. 수직의 의미는 논리를 세워 생각해 나가는 것이기 때문에 논리적으로 옳은 하나의 결론에 도달합니다. 한편, 측면적 사고는 **수평사고**라고 불립니다. 고정관념에 얽매이지 않고 사고하는 것을 지향하는 것으로, 다각적인 관점과 자유로운 발상으로 문제 해결을 도모하는 접근이기에 결론이 하나라고 한정할 수 없습니다. 수평사고는 아이디어의 기본이 되는 '가설'을 고정관념에 얽매이지 않고 자유롭게 세우는 이미지입니다. 그렇기에 처음에는 많이 꺼내 놓는 것이 중요합니다. 그때 주의할 점은 '**즉각적인 수렴 논의를 하지 않는다**'라는 것과 '**넓혀 나가는 것(확산)과 좁혀 나가는 것(수렴)을 동시에 하지 않도록 한다**'라는 것입니다. 팀으로도 아이디어 창출이 순조롭지 못한 사례의 대개가 이 두 가지 중 어딘가에 문제가 있습니다.

지금은 아이디어 확산의 장인지, 수렴의 장인지를 분명하게 하기

브레인스토밍은 애초에 아이디어 확산을 위한 방법인데 도중에 수렴하는 발언이 들어가게 되는 일이 종종 벌어집니다. 그리고 이것은 비교적 상사나 매니저에게서 흔히 볼 수 있습니다. 이는 상당히 좋지 않은 일입니다. 팀원은 '그 방향이 정답'이라고 추측하여 다른 방향의 아이디어를 생각하지 않게 됩니다.

아이디어를 협의할 때는 지금이 '아이디어를 넓히고 있는(확산)' 것인지, '좁히고 있는(수렴)' 것인지 분명하게 한 다음 숙제를 내거나 회의가 원활하게 이루어지도록 촉진해야 합니다. 중요한 것은 제대로 확산에 집중할 수 있는 시간을 만드는 일입니다. 그러려면 먼저 팀 전체가 '**아이디어를 넓히고 있는(확산) 단계**'라는 공통된 인식을 지녀야 합니다. 또한, 아주 조금의 가능성이라도 있어 보인다면 충분히 가치가 있음을 전달해야 합니다.

정체된 아이디어
창출 현장을 바꾸는 방법

아이디어를 내거나 브레인스토밍을 하려고 해도, 정체되는 경우가 있습니다. 그럴 때는 어떻게 대처하는 것이 좋을까요?

팀을 한층 더 나누기

회의 참석 인원을 한층 더 나눠 봅니다. 인원수가 8명이나 6명이라면 일단 절반으로 나누고 시간을 쪼개 소인수 그룹으로 논의하도록 한 후 각 팀에서 논의한 내용을 공유하는 것이 좋습니다.

논의 과정을 가시화하기

포스트잇을 사용하거나 미로Miro(팀의 공동 작업에 사용할 수 있는 가상 화이트보드-옮긴이)와 같은 온라인보드 등을 사용하다 보면 발상이 활성화하는 경우가 있습니다. 논의 과정을 가시화하면 "과제 설정까지는 좋았다" 또는 "이 발상 축은 가능성이 있어 보인다" 등과 같이 '어디로 되돌아가 모두 함께 아이디어를 생각해야 하는가'라는 초점 포인트를 발견하기가 쉬워집니다.

▎유추 질문 진행하기

좁은 영역으로 너무 많이 생각하면 아이디어가 정체되는 경우가 있습니다. 그때는 세 번째 장에서 소개한 유추 질문을 해 보는 것도 하나의 방법입니다. 유추는 '논리학에서 사물 간의 특정한 점에서의 유사성을 통해 다른 점에서의 유사성을 추론하는 것'이라고 하는데, 쉽게 말하면 **다른 영역의 사건이나 현상, 또는 아이디어에서 요소를 빌려 오는 것**'입니다. 세 번째 장에서는 '회사 차원의 행사가 있는데 직원들의 참여를 독려하기가 쉽지 않다'라는 상황에 대해서 '지역 축제' 참여 시스템에서 힌트를 얻어 생각해 보았습니다. 리더는 정체된 상황에서 "이런걸 힌트 삼아 생각해 보면 어떨까요?" 하고 유추 질문을 던질 수 있도록 준비해 두었으면 합니다.

유추의 근거와 관련해서 말하자면, 우리 주변의 다양한 사건과 현상에 대해서 그 배경이나 과정을 조사하는 습관을 들이면, 유추의 근거로 죽적해 둘 수 있습니다. 예를 들어, 일본의 3대 ○○라는 것이 있습니다. 조사해 보니 흥미로운 점이 있더군요. 일본 3대 절경 하면 '마쓰시마, 아마노하시다테, 미야지마'를 말합니다. 이는 유학자 하야시 슌사이林春斎가《일본국사적고日本国事跡考》에서 기술한 것으로, 이 세 곳에 대해서는 별다른 이견이 없습니다. 그런데 누가 정한 것인지 모를 3대 ○○도 참 많습니다. 더구나 그 세 가지가 제대로 정해져 있지 않은 경우가 많습니다. 가령, 일본 3대 소고기를 고르라면 마쓰자카 소고기, 고베 소고기, 요네자와 소고기라고 말하는 사람도 있고, 마쓰자카 소고기, 고베 소고기, 오미 소고기라고 말하는 사람도 있습니다. 또한, 일본 3대 우동도 사누키 우동, 이나니와 우동까지는 같은데, 세 번째는 미즈사와 우동, 고토 우동, 히미 우동, 기시멘 등 다양한 주장이 있습니다. 이 '3대 ○○'을 강력하게 주장하는 사람은, 세 번째에 본인이 원하는 것을 넣으려고 하는 사람들입니다. 이를 유추적으로 응용하면, 업계 4, 5위 기업의 마지막 수단으로서, 또는 범주적으로 '레이와令和 시대의 3종 신기三種の神器(일본의 3종 신기는 황위와 함께 역대 천황에게 전해지는 보물로 거울과 검, 곡옥을 말하는데, 현대사회에서 획기적인 귀중한 물건을 비유적으로 표현할 때 주로 신 3종 신기라는 이름으로 쓰이고 있음-옮긴이)' 등으로 단언해 버리려는 작전이 아닐까 하는 생각도 듭니다.

▌최악의 아이디어를 내놓고 결론지으려 하기

이는 '생각할 수 있는 것 가운데 가장 좋지 않은 제안'을 함으로써 '최악의 제안이 채택되는 것을 막고자' 하는 것입니다. 또는 누군가가 처음에 최악의 아이디어를 말한 결과, 두 번째 이

후 발언의 장벽이 낮아져서 "이런 말을 했다간 어쩌면 멍청하다는 소릴 들을지도 몰라"라는 걱정이 덜어짐으로써 모두가 적극적으로 바뀌어 활발하게 논의가 이루어지는 경우가 있습니다. 이는 과거 '맥도날드 이론'이라고 불렸습니다.

점심때 식사하러 나가는 상황을 떠올려 보겠습니다. "점심 어디서 할까요?"라고 모두에게 물었는데 아무도 의견을 내놓지 않는 경우가 있습니다. 그러는 사이에 짧은 점심시간이 헛되이 소비되고 맙니다. 맥도날드 이론은 그럴 때 "맥도날드 가자!"라고 제안해 보면 어떨까? 하는 것이었습니다. 그러면 "아니. 맥도날드는 좀 그렇지" 하고 모두가 부정하는데, 신기하게도 그 이후 논의가 활발해지면서 잇달아 제안이 나온다고 합니다. "이탈리안 ○○는 어떨까?", "어제 고기 먹었으니 오늘은 생선이 좋겠어", "그렇다면 이 가게는 어때?"와 같이 말이죠.

브레인스토밍을 할 때 좋은 아이디어만 필요한 것은 아닙니다. **별로다 싶은 아이디어에도 아이디어 발상을 활성화하는 역할이 있다**는 사실을 기억했으면 좋겠습니다. 시시한 아이디어를 제안하는 것은 용기가 필요한 일이기는 한데, 리더가 솔선해서 제안하여 이런 아이디어라도 좋지 않냐 하고 굳이 결론지으려 해보는 것입니다. 그러면 입을 다물고 있었던 팀원들로부터 의견이 나올지도 모릅니다.

제시된 아이디어를
어떻게 발전시킬 것인가?

좋은 아이디어는 한층 더 좋은 아이디어를 데려오게 마련입니다. 여러분도 짚이는 바가 있겠지요. 어느 한 사람의 아이디어에 의해 그때까지 경직되어 있었던 회의가 갑자기 활발해지거나 합니다. "이런 생각을 추가하는 것은 어떨까요?", "이런 생각도 할 수 있을 것 같은데" 하고 그 아이디어를 기점으로 한층 발전시킨 아이디어로 확산해 간다는 말입니다.

그렇다면 실제로 어떻게 하면 발전의 기점이 되는 아이디어를 만들 수 있을까요? 다음의 그림 20, 그림 21과 같은 방식으로 이 '모두의 아이디어'의 기점이 될 만한 아이디어를 지향하자고 팀원들에게 말해도 좋겠지만, 아이디어 창출로서 그 부분을 노리는 것은 어려울 것 같습니다. 그보다도 팀의 리더가 이처럼 '발전해 나갈 아이디어'를 놓치지 않도록 하는 편이 훨씬

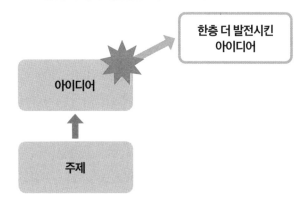

그림 20 | 좋은 아이디어는 좋은 아이디어를 데려온다

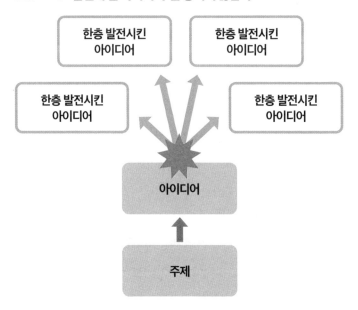

그림 21 | '발전해 갈 아이디어'를 놓치지 않는다

효과적일 것 같습니다.

첫 번째 장에서 소개한 미국의 비즈니스 스쿨 이야기에서는 아이디어의 싹을 틔운 사람을 가장 크게 평가한다고 했습니다. 그 수업을 상상해 보면 학생이 그 싹을 발견하는 일은 드물 것 같고, 교수가 싹을 발견하여 능숙하게 이끌어가는 장면이 떠오릅니다. "잠깐. 지금 케이트가 발언한 아이디어를 ○○라는 관점으로 파악해 보면 더욱 발전시킬 수 있지 않을까?" 이 교수처럼 발전해 갈 '좋은 아이디어'를 놓치지 않고, 팀의 아이디어를 더욱 좋은 것으로 발전시켜 나가야 하지 않을까 싶습니다.

그럼 이제 아이디어 창출 현장을 가정해서 생각해 볼까요?

예를 들어, 신제품 껌과 관련한 아이디어를 생각한다고 가정하겠습니다. 그때 팀원으로부터 "씹는 행위는 뇌를 자극하니까 '공부용 껌'을 개발하자"라는 아이디어가 나왔다고 치죠. 이때 '충분히 있을 수 있는 생각'이라고 보고, 아이디어를 기각하지 않고 한층 더 발전시키기 위해 이 아이디어를 어디에 둘 것이냐 하는 것이 리더의 수완이라고 할 수 있습니다. 집중력을 높이는 공부용 껌은 이미 존재하므로 그 상태로는 사용할 수 없는 아이디어입니다. 하지만 이 아이디어를 축으로 발전시키라고 지시할 수도 있습니다(그림 22). 그러면 그림 23과 같이 '수험생용 껌'으로 타깃을 더욱 특화하는 방향으로 발전시킬 수 있습니다. 또한, 암기물 등 머리에 '기억을 정착시키기' 위한 껌으로 자리매김할 수 있는 아이디어도 나옵니다.

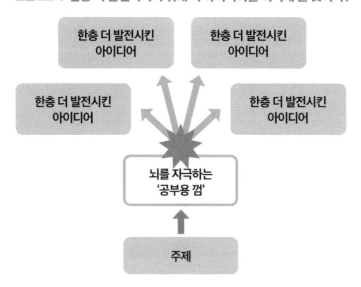

그림 22 | 한층 더 발전시키기 위해 이 아이디어를 어디에 둘 것이냐?

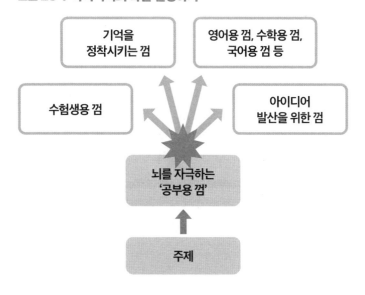

그림 23 | 아이디어의 축을 결정하기

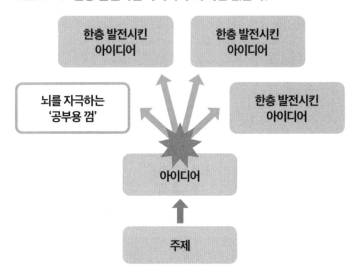

그림 24 | '한층 발전시킨 아이디어'의 축은 없는지?

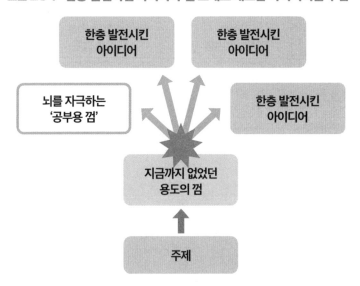

그림 25 | '한층 발전시킨 아이디어'를 토대로 새로운 아이디어를 수집

게다가 '영어, 수학, 국어' 등 주요 과목별로 다른 풍미의 공부용 껌을 만드는 아이디어로도 발전할 수 있습니다. 또한, 사회인용으로 아이디어를 생각할 때 씹는 껌으로 개발하는 것도 생각해 볼 수 있습니다. 이처럼 '공부용 껌'에서 다양하게 발전시킨 아이디어를 생각할 수 있다는 사실을 아셨겠지요?

더불어, 리더는 팀에 다른 방침을 내릴 수도 있습니다. 그림 24와 같이 이 '공부용 껌'이라는 아이디어를 어떠한 아이디어에서 '한층 더 발전시킨 아이디어'로 자리매김할 수 있도록 하는 것은 어떨까요? 그리고 이 '한층 발전시킨 아이디어'의 토대가 된 아이디어를 리더가 정의하는 것입니다.

예를 들면, '지금까지 없었던 용도의 껌'으로 위치시켜 여기서부터 발전시킨 아이디어를 모아 보는 것입니다(그림 25). 그러면 헬스장에서 웨이트 트레이닝을 하는 사람이 많아지는 걸 보고 이를 꽉 물 때 사용하는 '헬스장용 껌'이나 뇌의 스위치를 켜는 '출퇴근용 껌', 온라인 게임의 유행을 배경으로 한 'e스포츠용 껌'과 같은 다양한 아이디어가 나올 수도 있습니다(그림 26).

이렇게 팀 구성원들이 내놓은 아이디어를 어떻게 발전시킬 것인지는 리더의 판단에 따라 달라집니다. 리더는 항상 과제와 도출된 아이디어를 대조하면서 어떻게 아이디어를 발전시켜 나간 것인지를 생각하고 모두가 아이디어를 넓혀 갈 수 있도록 팀에 방침을 전달해 나가야 합니다.

그림 26 ┃ 아이디어를 어떻게 발전시켜 나갈 것이냐는 리더의 판단에 달렸다

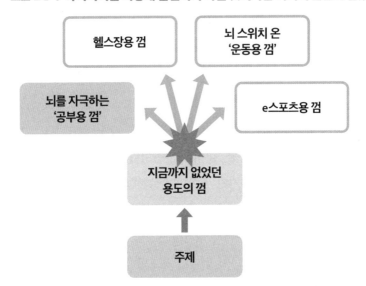

아이디어가 '솔직히 애매'할 때
어떻게 대처해야 하는가?

'**아이디어를 발전시켜 나간다**'라는 것을 조금 더 깊이 파고들어 보겠습니다. 팀원에게서 나온 아이디어가 방향을 정할 필요 없이 저절로 부풀어 가는 것이라면 좋겠지만, 유감스럽게도 대개는 '솔직히 애매'하다고 생각되는 경우가 많습니다. 그럴 때 리더로서 무엇을 해야 할까요? 팀원의 동기부여를 유지하기 위해 무턱대고 재미있어하거나 칭찬해야 할까요? 물론 그런 의식도 필요하지만, '무턱대고 칭찬하기만' 하는 것은 효과가 한정적입니다. 저는 팀원에게서 나온 아이디어가 앞 예시처럼 '**아이디어의 기초**'가 될 것인지, 아니면 그것이 무언가로 '**발전하는 것**'이 될지를 **판별하는 것이 중요**하다고 생각합니다. 앞의 그림을 조금 정리해 보면 다음과 같은 두 단계로 볼 수 있습니다(그림 27).

그림 27 | 아이디어와 발상 축

하나는 **아이디어** 그 자체. 그리고 또 하나는 '**발상 축**'입니다. 이는 두 번째 장에서 설명한 '**과제 설정**'과도 같다고 할 수 있습니다. 과제 설정이 좋으면 아이디어는 자연스레 생겨난다고 말했듯이 주제에서 그대로 문제 해결을 생각하기보다 과제를 어떻게 정의할 수 있는지가 중요해집니다. **이 과제 설정을, 아이디어를 떠올릴 때 특정 방향의 축이 된다는 점에서 '발상 축'이**라고 부릅니다.

▎발상 축에 따라 아이디어는 다른 방향으로도 발전한다

예를 들면, '일회용 필름 카메라의 매출 상승'이라는 주제로 생각해 보겠습니다. 한 팀원이 "여행용 카메라로서 여행지 입구에서 판매한다"라는 아이디어를 들고 왔습니다. 여행지 입구란 예를 들면, 하코네의 경우는 하코네유모토역과 같이 관광의

그림 28 | 발상 축에 따라 아이디어는 달라진다

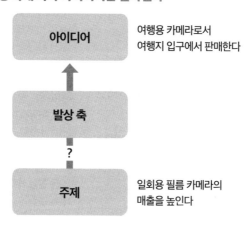

출발점이 되는 장소를 가리킵니다(그림 28). 나쁘지 않은 아이디어이지만, 넓혀 나가기가 조금은 어려울 듯합니다. 그래서 어떤 착안점에서 나온 아이디어인지를 들어 봤습니다. 그랬더니 '스마트폰이나 디지털카메라와 달리 필름에는 장수의 제한이 있다'라는 점에 재미가 있지 않을까 생각했다고 합니다. 예를 들어, 24장이라는 한정된 장수로 여행 앨범을 만들려고 하면 계산이 필요합니다. 그것도 또 하나의 여행의 즐거움이 될 수 있다는 말입니다. 이러한 생각을 발상 축에 두고 생각해 보면 아이디어를 다른 방향으로도 발전시켜 갈 수 있을 듯합니다(그림 29). 24장이라는 '한정된 장수'와 '그것을 다 사용해야 한다'라는 발상 축으로 되돌아가 보면 거기서부터 아이디어는 확산해 나갈 것 같습니다. 예를 들어, 아이가 어릴 때는 사진을 많이 찍

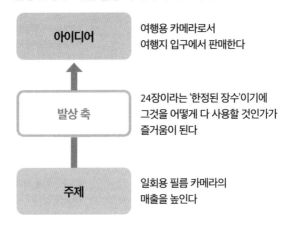

그림 29 | '한정된 장수'라는 발상 축에서의 아이디어 ①

아이디어
여행용 카메라로서
여행지 입구에서 판매한다

발상 축
24장이라는 '한정된 장수'이기에
그것을 어떻게 다 사용할 것인가가
즐거움이 된다

주제
일회용 필름 카메라의
매출을 높인다

어 놓는데 커감에 따라서 딱히 이벤트가 있지 않은 한 사진을 찍지 않는 가정이 많습니다. 그래서 매월 1일은 일회용 필름 카메라로 '항상 똑같은 포즈로 사진 찍는 날'로 정합시다 하고 판매할 수도 있지 않을까 싶습니다. 매달 1장이므로 24장을 다 사용하려면 2년이 걸리겠죠. 36장의 카메라라면 3년의 성장 기록을 만들 수 있습니다(그림 30). 게다가 현상하기까지 어떻게 찍혔는지 볼 수 없기에 사진을 현상하는 날을 2년의 한 번 '성장을 되돌아보는 날'로 삼아 즐길 수도 있습니다. 또 매일 가지고 다니면서 '즐거움 모으기'를 목적으로 사용하는 방법도 생각해 볼 수 있을 것 같습니다. 이때는 한 달이든 두 달이든 기간을 정해서 한 달 또는 두 달에 스물네 가지의 즐거움을 모아 나갑니다. 그렇게 해서 즐거움을 의식하다 보면 행동도 달라지겠지요.

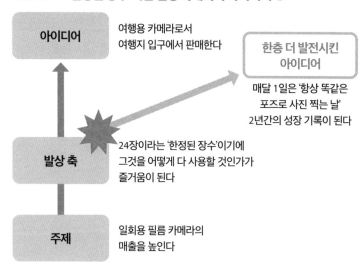

그림 30 ┃ '한정된 장수'라는 발상 축에서의 아이디어 ②

아이디어
여행용 카메라로서
여행지 입구에서 판매한다

**한층 더 발전시킨
아이디어**

매달 1일은 '항상 똑같은
포즈로 사진 찍는 날'
2년간의 성장 기록이 된다

발상 축
24장이라는 '한정된 장수'이기에
그것을 어떻게 다 사용할 것인가가
즐거움이 된다

주제
일회용 필름 카메라의
매출을 높인다

┃ 발상 축으로 되돌아가 아이디어를 검증하기

다른 팀원에게서 나온 아이디어로도 한 번 생각해 볼까요?

"막 사귀기 시작한 커플에게 데이트용 카메라로서 판매한다"
라는 아이디어입니다. 이것을 아이디어라고 말할 수 있을지 없
을지 모르겠고, 좋은 아이디어인지도 알 수 없기에 아이디어를
낸 본인에게 물어보았습니다. 그랬더니 "그냥 막 찍어도 멋스러
운 복고풍 감성의 사진이 되니까요"라고 말합니다. 그렇다면 스
마트폰으로 찍은 사진에 필터를 씌우면 되지 않느냐고 생각했
지만, 얘기를 더 들어보니 사람에 따라서는 사진을 찍는 데 시
간을 많이 들이는 남자도 있으므로 첫 데이트 때는 사진이 제

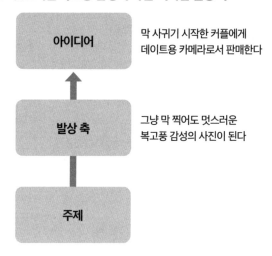

그림 31 | '멋스러운 복고풍 감성의 사진'이라는 발상 축

아이디어

막 사귀기 시작한 커플에게
데이트용 카메라로서 판매한다

발상 축

그냥 막 찍어도 멋스러운
복고풍 감성의 사진이 된다

주제

대로 찍혔는지 확인하는 데 시간을 들이기보다는 함께 사진 찍는 데 신경을 쓰는 편이 좋지 않을까 하는 생각을 했다고 합니다. 데이트용 카메라라는 아이디어에 도달한 발상 축은 이처럼 여러 요소에서 이루어졌다는 생각이 들었습니다(그림 31). 그래서 한층 더 깊이 파고들어 보았습니다. 그 결과 '미리보기를 못하니까'라는 생각도 있었다는 사실을 알았습니다. 스마트폰이나 디지털카메라처럼 어떤 사진이 찍혔는지 미리보기 할 수 없다는 점은 아날로그 카메라의 마이너스 포인트이기는 합니다. 하지만 그것을 어떻게 받아들이느냐에 따라 아날로그 카메라의 장점이 될 수도 있습니다.

여기서부터 발전시키면 현상해야만 사진을 볼 수 있다는 점

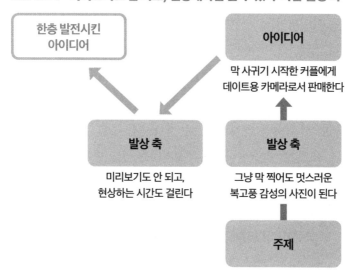

그림 32 ㅣ '미리보기도 안 되고, 현상해야만 볼 수 있다'라는 발상 축

한층 발전시킨
아이디어

아이디어

막 사귀기 시작한 커플에게
데이트용 카메라로서 판매한다

발상 축

미리보기도 안 되고,
현상하는 시간도 걸린다

발상 축

그냥 막 찍어도 멋스러운
복고풍 감성의 사진이 된다

주제

도 좋은 포인트로 전환할 수 있을 것 같습니다. 이처럼 '미리보기도 안 되고 현상해야만 볼 수 있다'라는 것을 발상 축에 놓으면 다른 아이디어로 발전시킬 수 있을 듯합니다(그림 32). 예를 들어, 남녀의 데이트였음을 생각하면 그날 찍은 데이트 사진을 함께 보기 위해 다른 날에 또 만나야 하므로 다음 데이트나 식사를 약속하는 계기가 되기도 합니다. 나아가 일대일 데이트의 경우뿐 아니라, 여럿이 하는 미팅 자리에서 사용하는 데도 적용할 수 있습니다. 또 여행이 끝난 뒤 서로가 찍은 사진을 보여주기 위한 뒤풀이가 포함된 새로운 여행 패키지 상품으로도 발전시킬 수 있을지 모릅니다.

이러한 **발상 축으로 되돌아가 아이디어를 검증하는 것은 좋은 아이디어든 애매한 아이디어든 모두에 효과적입니다.** 솔직히 애매하다고 생각되는 아이디어라도 발상 축에서 다음 아이디어로 전개해 갈 수 있다면 괜찮은 아이디어라고 할 수 있을지도 모르겠습니다. 팀원 각자가 가지고 온 아이디어에 대해서 어떤 발상 축을 가지고 있었는지 설명을 듣고 팀의 발상 축으로 삼을 수 있을지 어떨지를 생각하는 것도 리더의 수완에 달렸습니다.

▎좋은 아이디어에는 반드시 인사이트가 담겨 있다

퍼실리테이터Facilitator(모임, 회의, 토론, 교육 등 다양한 상황에서 참여자들이 원활하게 커뮤니케이션하며 목표를 달성할 수 있도록 돕는 전문가—옮긴이)의 중요한 역할은 어디를 분기점으로 아이디어를 발전시켜 나갈 것인지를 명확하게 짚어주는 것입니다. 그때 확인할 포인트는 '**인사이트(통찰)**'가 무엇인지를 판단하는 것입니다. 자세하게는 다섯 번째 장에서 설명하겠지만, **좋은 아이디어에는 반드시 인사이트가 담겨 있습니다. 그 인사이트를 발상 축에 놓는 것이 중요합니다.**

어쨌든 이 발상 축에 대한 판별은 디렉터나 리더의 수완에 달렸습니다. 팀의 아이디어를 넓혀 가기 위해서 아이디어를 창출할 때는 두뇌를 풀가동하여 임해야 합니다.

종합하는 것도
리더의 역할

여기까지 읽으신 분께는 두말할 필요도 없는 일입니다만, 브레인스토밍이나 아이디어 창출을 위한 회의가 끝난 후 부하 직원 또는 신입 직원에게 의사록의 형태로 결과를 정리하게 하거나 기획서를 제출하도록 하는 것은 좋은 진행 방법이 아닙니다. 브레인스토밍이나 아이디어 창출 회의에서는 최종적으로 프레젠테이션이나 기획서를 정리할 사람이 퍼실리테이터가 되는 것이 효율적입니다.

기획서 작성자가 전체 설계에서 부족한 아이디어에 대해 브레인스토밍을 촉진함으로써, 혼자서는 만들지 못하는 부분만을 다른 사람의 힘을 빌려 만들어 나가는 형태가 됩니다. 그렇지 않으면 무턱대고 아이디어를 내게 되어, 모두의 시간과 노력을 낭비하는 상황이 될 수 있습니다.

프로토타이핑으로서
아이디어 설명서 쓰기

　어느 정도 아이디어가 정리되면 기획서에 아이디어를 정리
해나감과 동시에 '설명서'를 씁니다.

　설명서는 400~800자 정도로 배경과 과제, 대상과 행동, 그리
고 그에 따른 결과를 정리한 문서입니다. 다른 말로 하자면 어
떤 아이디어에 투자해 줄 사람을 글로 설득하는 것입니다. 사내
의 경우는 사장이나 투자 결재 권한을 가진 사람, 사외의 경우
는 투자가나 클라이언트의 결재자에게 보내는 편지라고 생각
해 볼 수 있겠습니다. 고객 등 소비자를 상대로 설명서를 작성
하여 결과적으로 결재자를 설득한다면 그런 형태도 있을 수 있
겠습니다.

　**이러한 설명서를 쓸 수 있을 수준이 된다면 말에 의한 프로
토타이핑의 정밀도가 한층 더 높아지리라고** 생각합니다. 이렇

게 말할 수 있는 이유는 **설명서는 '속임수가 안 통하기'** 때문입니다. 파워포인트 등을 사용한 기획서라면 기획이나 아이디어 자체가 그렇게까지 우수하지 않아도 왠지 좋은 느낌을 만들 수는 있습니다. 다만 아이디어가 잘못된 부분이 두드러지게 됩니다. 그 검증을 위해서라도 설명서는 유용합니다.

설명서 작성 방법에 특별한 규칙은 없습니다. 결재자가 아이디어에 대해서 공감하고 수긍하여 투자할 만한 가치가 있다고 생각할 만한 설명서라면 얼마든지 자유롭게 작성해도 상관없습니다. 아이디어의 개요에 대해서 먼저 설명하고 이어서 타당성을 설명하는 방법도 있고, 또는 위에서 아래로 좁아지는 퍼널(깔때기)의 형태로 그 아이디어에 관심을 가지게 되는 얘기에서부터 시작하여 아이디어의 타당성에 이르는 형태로 문장을 만들어 가는 방법도 있을 수 있습니다. 또한, 사이먼 시넥Simon Sinek의 골든 서클 이론과 같이 'Why(왜?)' → 'How(어떻게)' → 'What(무엇을)'이라는 순서로 설명서를 작성하는 것도 가능합니다.

그럼 이제 세 번째 장에서 언급했던 회사 창립기념 프로젝트를 예로 설명서를 작성해 보겠습니다.

내년이면 창립 60주년을 맞는 A사.
창립기념일을 그저 축하 행사만 치르는 것으로 끝내기는 아깝다는 시각에서 출발했습니다. 창립기념일은 기업에게 단순한 통과 지점에 지나지 않지만, 과거를 되돌아보고 지금을 바라보고 미래를 위해 움직이기 위한 '좋은 기회'가 될 수 있다고 생각하기 때문입니다. 그리고 초점을 사원의 의식 개혁에 맞췄습니다. 창립기념일을, 과거 한 사람 한 사람이 솔선하여 도전하던 기업풍토를 되찾을 기회로 삼는다면 자율적으로 신제품이나 서비스가 생겨날 것이고 그로 인해 기업의 경영 과제이기도 한 새로운 수익 창출의 기둥이 만들어지리라는 생각입니다. 이에 따라 창립기념일과 관련한 시책을 과거, 현재, 미래의 세 부분으로 나누어 실시해 보면 어떨까 합니다.

과거는 회사의 역사를 사람에 초점 맞춰 재점검하는 콘텐츠를 만듭니다. 사원 한 사람의 생각이 히트 상품으로 이어졌음을 전달하기 위한 '최초의 한 걸음 전시'를 열거나 참신한 아이디어였지만 시장에 정착하지 못한 제품을 발안자에게 초점을 맞추면서 전달해 나가는 콘텐츠를 전개하여, 한 사람 한 사람의 자유로운 발상과 도전이 회사의 역사를 만들어 왔다는 사실을 다시금 확인해 나가는 것입니다. 현재는 과거의 콘텐츠를 접했을 때 "예전에는 좋았는데"라는 회고적인 사고에 빠지지 않도록 기업 외부와 연계하면서 콘텐츠를 만들어 나갑니다. 개인의 생각을 출발점으로 사업을 구상하고 상품을 만들고 있는 사람과 사원과의 인터뷰 콘텐츠를 만들어 그런 마음을 가진 사람이 봤을 때 A사의 기회는 어떤 부분에 있을지 생각해 볼 수 있도록 하는 것입니다. 미래는 100주년이 되는 40년 후의 미래를 상상했을 때 지금 무엇을 해야 하는지를 구상하는 프로젝트를 실시합니다. 인재 육성, 신사업 개발 등 복수의 워킹그룹을 구성하여 60주년을 계기로 중기적으로 계속 진행할 수 있도록 해야 합니다.

이상과 같이, 60주년을 기념하여 여러 가지 시책을 진행하면서 미래로 이어지는 가치 창조는 모두가 아니라 한 사람의 생각과 첫걸음에서 탄생한다고 하는 깨달음과 그러한 문화가 양성되는 활동을 실행해 나가도록 하면 좋겠습니다.

위와 같이 설명서를 작성해 봤습니다. 어떤가요? 왜 이러한 시책을 실행해야 하는지, 어떤 목적을 가지고 실제로 어떠한 활동을 할 것인지에 중점을 두고 썼습니다. 이 경우는 결정 권한이 있는 사람(예를 들면 경영자)에게 전달했을 때 설득력이 있을까를 아이디어 검증 방법으로 사용해 나갑니다. 이처럼 설명서는 결재자를 설득하기 위한 것으로서 작성할 수도 있으며, 고객을 상대로 작성하여 매력적인 상품이나 시책으로 보이는지를 검증하는 데 사용할 수도 있습니다.

꼭 한번 리더가 솔선하여 설명서를 작성해 보도록 하세요. 이때 **설득력이 빠진 설명서밖에 쓰지 못한다면 아이디어를 재검토해 봐야 할지도 모릅니다. 또한, 설명서는 아이디어를 다시 짤 기회로 삼을 수도 있습니다.**

좋은 팀이 되려면
리턴에 대한 설계가 필요

이번 장 마지막으로는 아이디어를 만들 때 좋은 팀을 만드는 방법과 거기에 이바지하는 동기부여에 관해서 이야기하겠습니다. 리더가 아무리 분투해도 팀의 힘을 끌어내지 못하면 헛수고로 끝나게 됩니다.

이번 장 전반부에서는 심리적 안전감의 확보를 살펴봤습니다. 여기서는 프로젝트에 관한 팀원 각자의 동기부여를 높이려면 어떻게 해야 하는지를 제가 실천하고 있는 예를 통해 설명하고자 합니다.

제가 동기부여 설계를 할 때 중요시하는 점은 '**리턴에 대한 파악과 설계**'입니다. 제가 소속한 Que는 직원이 열 명도 채 안 되는 작은 회사라, 여러 조직의 구성원에 의한 프로젝트 팀으로 일하는 경우가 많습니다. 제가 프로젝트 오너가 되고서 최근에 도전하는 일이 있습니다. 그것은 **모두가 기대하는 리턴을 프로젝트 킥오프 때 공유하는** 것입니다. 업무에 대한 보상을 아무것도 공유하지 않으면 금전적인 보상밖에 가시화되지 않습니다. 사실은 금전적 보상 말고도 더 있을 텐데요. 그것을 **명시하여 의식화하면 팀의 관계나 책임이 달라진다**고 생각했습니다. 그래서 다음과 같이 리턴을 분해하여 각자가 어떤 리턴을 기대하는지 팀원들에게 적어 보게 하고 있습니다.

- 파이낸셜 리턴(금전적 대가)
- 그로스 리턴(이 프로젝트를 통해서 어떻게 성장할 수 있을까?)
- 커뮤니티 리턴(이 프로젝트를 통해서 어떤 커뮤니티 동료가 될 수 있을까?)
- 네트워크 리턴(이 프로젝트를 통해서 어떤 새로운 동료와 연결될 수 있을까?)
- 커리어 리턴(이 프로젝트가 성공하면 경력 면에서 어떤 성과가 초래될까? 자신에게 어떤 태그가 달릴까?)
- 놀리지 리턴(이 일을 통해서 팀이나 개인이 어떤 지식을 쌓을 수 있을까?)
- 해피 리턴(이 일을 통해서 개인적으로 어떤 즐거움이나 행복을 느낄 수 있을까?)

각각에 대해서 어떤 리턴이 있을지를 팀원 모두가 일제히

'공동 편집할 수 있는 온라인파일'에 쓰고 있습니다. Que에서는 노션Notion이라는 앱을 사용하고 있는데, 구글 슬라이드나 도큐멘트, 미로를 사용해도 좋습니다. 다른 팀원이 무슨 내용을 쓰는지 볼 수 있게 하는 것도 중요하다고 생각하므로 공동 편집할 수 있는 것을 사용하는 것이 좋습니다.

예를 들어, 그로스 리턴에는 "이 프로젝트를 하면서 관련 시장에 대한 분석을 위해 ○○의 소프트웨어를 사용해 봤더니 점점 능숙해질 것 같았다"라는 식으로 구체적으로 기대하는 점이나 느낀 바를 각각 작성해 나갑니다.

또, 네트워크 리턴에는 "지금 젊은이들 사이에서 주목받고 있는 이 디자이너와 함께 일을 했는데, 다음에도 함께 일해 보고 싶다"라는 식으로 개개인 안에 있는 '생각'을 적어 나가는 것입니다. 그리고 그것을 한 사람씩 발표하여 공유합니다.

▎ 모두가 '좋은 팀'이라고 생각하는 것도 팀 차원에서 아이디어를 제안하는 데는 중요한 요소

리턴 중 재미있는 것을 꼽자면 해피 리턴이 아닐까 싶습니다.

일전에 도쿄 닌교초에 본사를 둔 고객의 일을 할 때였는데, 팀원의 절반 이상이 '닌교초의 맛집 찾기'라는 내용을 썼습니다. 그래서 리더인 저는 고객과의 대면 프레젠테이션이나 미팅 시간을 오후 1시 반이나 2시로 정하여 모두가 천천히 점심을 먹고 난 후 고객을 방문하는 형태로 일을 진행했습니다.

이처럼 팀원이 각각의 항목에 대해서 어떤 리턴을 기대하면서 일하는지를 리더는 물론이고 팀원 전체가 파악하여 가능한 한 리턴을 이룰 수 있도록 한다면 팀원 전체가 그 일을 향해 더욱 힘차게 나아갈 수 있다고 생각합니다.

이를 킥오프 때만 하는 게 아니라, 중간중간 되돌아보면서 방향을 수정하면 모두가 서로 아이디어를 내고 공유할 수 있습니다. 또한, 프로젝트 종료 시에도 이를 되돌아봄으로써 다음 프로젝트를 더욱 잘 해내기 위한 것으로 활용할 수 있습니다.

모두가 '좋은 팀'이라는 생각이 들게끔 하는 것도 아이디어를 팀 차원에서 창출하는 데 매우 중요한 요소라고 생각한다고, 거창하게 말하면서도 우리는 아직 시행착오를 겪고 있는 중입니다.

누구하고든 하루 만에 '절친한 친구'가 되는 방법

고교 시절 수업 중에 갑자기 선생님이 이렇게 말씀하셨습니다. "여러분이 대학에 가면 꼭 절친한 친구를 만들었으면 좋겠습니다." "'절친한 친구'는 단순한 친구를 넘어 특별하게 자신을 이해해 주는 세상에 둘도 없는 사람이라고 정의할 수 있다"며 말씀을 이어가셨습니다.

"이제부터, 절친을 하루 만에 만드는 방법을 알려 주겠습니다"라고 말입니다. 느닷없는 선생님의 말씀에 모두가 동요했습니다. "방법은 매우 간단하다"고 선생님은 이어서 말했습니다. "각자 6시간씩 서로 자기소개를 하면 된다"라고 하며 그 방법을 자세히 설명하셨습니다. "되도록 시계열로 상대방의 정보를 알아냅니다. 단지 사건을 나열해서는 안 됩니다. 그때 어떻게 생각해서 어떻게 판단했는지, 그 결과 어떻게 되었는지, 자세하게 파고들어야 합니다. 머리에 떠오른 질문은 전부 던져 보고 깊이 파고드는 게 중요하며, 6시간은 그러기에 충분한 시간입니다. 그런 후에 상대방을 다른 사람에게 소개할 수 있으면 완성입니다. 그때는 아마 1시간 정도면 될 겁니다."

대학에 진학하며 상경한 저는, 선생님 말씀이 머릿속 한구석에 있었으나 그 '방법'을 실천하는 일은 없었습니다. 그러던 어느 날, 막 알게 된 친구가 마지막 지하철을 놓치고 제가 하숙하는 집에 재워 달라며 찾아왔습니다. 그날 문득 선생님의 이야기가 떠올라 친구에게 말했더니, 그 친구가 재미있다며 관심을 보였습니다. "일단 한번 해보자. 지금부터 시작하면 아침까지 한 사람에 대해서는 가능할 것 같은데"라며 매우 의욕적이었습니다. 그렇게 해서 먼저 친구의 얘기를 듣는 것에서부터 시작했습니다.

실제로 해보니 꽤 어려웠습니다. 6시간은 생각보다 길었습니다. 처음에는 친구의 얘기를 듣는 것부터 시작했습니다. 태어나서 맨 처음의 기억에서부터 18세 '현재'에 이르기까지의 얘기를 듣는 데 1시간 밖에 걸리지 않았습니다. 5시간이나 남았습니다. 그리고 또 한 번 처음으로 돌아가 이것저것 깊이 파고들기 시작했습니다. 초등학교 1학년 때 담임선생님 성함은? 어떤 성격이었나? 기억하는 에피소드가 있는지? 학급 임원 활동은 했는지? 좋아하는 아이가 있었는지? 어떤 사람이었는지? 그때 기뻤던 일은? 슬펐던 일은? 국어는 잘했는지? 기억하는 이야기는 있는지? 수업 시간에 손을 들 때 무슨 생각을 했었는지? 질문에 답하는 친구도 힘이 드는지 "글쎄, 어땠었더라?"라며 기억을 끄집어내면서 본인도 까맣게 잊고 있었던 것까지 자세히 이야기해 주었습니다.

우리는 선생님이 알려 주신 대로 먼저 친구의 6시간에 걸친 자기소개를 마쳤습니다. 그러고는 잠깐 자고 일어나서 저의 자기소개를 6시간에 걸쳐서 했습니다. 체력 소모가 상당했는지 서로의 자기소개를 마치자, 친구는 자기 집으로 돌아갔습니다.

선생님의 말씀이 정말 맞았다고 느낀 것은 친구와 서로 자기소개를 한 이후에 다시 만났을 때였습니다. "내 얘기 좀 들어줄래?"라며 그가 고민을 털어놓았을 때 그의 사고 프로세스가 손에 잡힐 듯 훤히 이해되더군요. "어차피 ○○할 일인데 뭘 그렇게까지 신경 쓰고 그래"라고 제가 말하자 친구가 눈을 동그랗게 뜨면서 "어떻게 알았어?" 하고 놀랐습니다.

그로부터 20년이 더 지난 지금도 그와는 절친한 친구로 잘 지내고 있습니다. 친구와 저는 서로 마음에 큰 변화가 있을 때 연락하곤 하는데, 근황을 주고받다가도 서로 "어떻게 알았어?"라는 말이 튀어나오곤 합니다.

이러한 경험이 지금 저의 일에 대한 자세에 영향을 미쳤다고 해도 과언이 아닙니다.

'절친한 친구를 만드는 방법'은 업무에도 응용할 수 있다

제가 소속한 Que는 기업 철학의 언어화를 의뢰받는 경우가 많은데, 그때 실마리가 되는 것이 바로 이 '절친한 친구를 만드는 방법'입니다.

먼저 시계열에 따라 기업 정보를 머릿속에 집어넣습니다. 그리고 직면한 여러 가지 문제에 어떻게 대응해 왔는지, 그 결과는 어떻게 되었는지를 깊이 파고듭니다. 위기에 빠졌을 때 무엇을 생각하고 어떻게 대응했는지, 그때의 당사자들이 무엇을 분하게 여기면서 어떻게 발버둥 쳤고 그 결과 어떻게 되었는지, 어떨 때 기쁨을 느끼고 어떻게 공유했는지 등에 대해서 말입니다. 시계열로 정보를 구조화하여 깊이 파고들면서 모든 사례를 수집해 가는 것입니다. 경영진이나 중요 인물의 개인적인 생각 등도 포함해서 말입니다. 그러한 정보가 임계치를 넘어 인풋이 되면 기업임에도 마치 둘도 없는 절친과 같은 친근감을 느끼게 됩니다.

이처럼 '좋은 자기소개'를 들었을 때 비로소 좋은 철학의 언어화가 가능하다고 믿고 업무를 시작할 때는 많은 이야기를 나누고자 노력하고 있습니다.

이는 함께 일하는 팀원에 대해서도 마찬가지입니다. 그들이 과제를 어떻게 인식하는지, 어떠한 사고 프로세스로 아이디어를 생산하는지, 그것은 과거 경험의 연장선인 경우가 많습니다. 그들의 과거를 알면 아이디어의 결과뿐 아니라, 아이디어를 생각하는 프로세스에 대해서도 상상하는 것이 가능합니다. 그러면 "그 아이디어를 떠올리기 전에 생각했던 '발상 축'을 기점으로 넓혀 나가 보는 것은 어떨까?"라는 조언 같은 것도 하기가 쉬워집니다.

한 사람당 6시간은 힘들겠지만, 어쨌거나 일을 하는 가운데 팀원의 생각이나 사고 습관을 잘 끌어내는 것도 좋은 아이디어를 창출하는 팀을 만드는 데는 매우 중요한 일입니다.

5장

좋은 아이디어를
알아내는 기술

어느 아이디어를 실행할 것인지 '선택'하는 것은 어렵다

　지금까지 개인 차원에서는 어떻게 아이디어를 낼 것인지, 또 팀 차원에서는 어떻게 아이디어를 낼 것인지 이야기해 봤습니다.

　아이디어를 실행하려면 하나의 아이디어로 만들어 나가야 합니다. 제시된 아이디어 가운데 하나를 선택할 것인지, 아니면 조합해서 하나의 아이디어로 만들 것인지, 그도 아니면 제시된 아이디어를 발전시켜 실행할 아이디어로 만들어 나갈 것인지를 생각해야 합니다. 어쨌든 아이디어를 실행하기 전에는 뭐가 '좋은 아이디어'인지를 알아볼 필요가 있습니다.

　제가 몸담았던 광고 업계의 크리에이티브라는 직종의 경우 커리어의 시작은 카피라이터, 광고 기획자, 또는 디자이너에서 출발하여 경험을 쌓은 뒤 크리에이티브 디렉터라는 역할을 맡게 됩니다. 15년 이상의 경험을 쌓은 사람 중에서 선택된 사람이 크리에이티브 디렉터가 되는 것이 통례였습니다. 크리에이터로서의 능력도 있고, 팀 운영에 필요한 힘도 있고, 경험도 있는 사람만이 크리에이티브 디렉터가 되었습니다. 이 크리에이티브 디렉터가 팀 차원의 아이디어를 선택하는 일을 담당합니다. 그 이유는 아이디어를 내는 것보다 선택하는 것이 어렵다는 공통된 인식이 있기 때문입니다.

▎'어느 아이디어를 선택할 것인가'가 중요

최근에는 스트래티지스트(전략 담당)에서 크리에이티브 디렉터가 되거나, 20대의 젊은 나이에 크리에이티브 디렉터가 되는 경우도 있습니다. 그것은 경험치 이외에도 직능으로서 크리에이티브 디렉터가 정의되고 있기 때문입니다. 그런 가운데서도 '아이디어를 선택'하는 것이 크리에이티브 디렉터의 중요한 역할이라는 점에는 변함이 없습니다.

물론 광고 업계뿐만 아니라, **어떤 업계에서든 매니저나 리더라는 역할을 맡는 사람에게는 '어느 아이디어를 채택할 것인가'가 매우 중요한 업무**가 됩니다.

'좋은 아이디어란 무엇인가'를 정의하자

아이디어란 어떤 문제 해결을 위해 필요한 것이라고 정의한다면, **그 문제 해결을 위해 '기능하는' 것이 좋은 아이디어**라고 할 수 있습니다. 아이디어를 채택할 때는 많은 아이디어 중에서 '제대로 기능하는 것', '가장 효과적인 것'을 고르면 됩니다. 하지만 제대로 기능할지 어떨지, 효과가 있을지 없을지, 그 '결과'를 예상하기는 어렵습니다.

예를 들어, 광고에서는 구매해 주고, 예약해 주고, 방문해 주는 등 소비자가 어떠한 행동을 해주는 것이 결과(기능함)인 셈인데, 이 결과를 아이디어 단계에서 판단하기는 쉽지 않습니다. 그때 중요한 점이 '좋은 아이디어'를 고르기 위한 리더 나름의 판단 축을 지니는 일입니다.

▌ 좋은 아이디어는
'사람의 마음을 움직여 행동을 유도하는 것'

광고와 같은 커뮤니케이션 아이디어에서 **좋은 아이디어란** '**사람의 마음을 움직여 행동을 유도하는 것**'이라고 정의할 수 있습니다. 이러한 것을 토대로 좋은 아이디어인지 아닌지 판단 하려면 어떤 판단 축을 가지고 있어야 할까요? 저는 '**좋은 아이 디어에는 반드시 좋은 인사이트가 담겨 있다**'라는 축으로 아이 디어를 좁혀 나가고 있습니다.

공익광고를 생각해 볼까요? 예를 들어, 쓰레기 무단투기 근 절이라는 과제에 대응하기 위해서 '쓰레기 무단투기 금지' 포스 터를 만드는 것은 첫 번째 장에서 소개한 옳음을 추구하는 학 창 시절 저의 언행과 같은 것으로, 이런 것으로 사람의 행동은 절대 바뀌지 않습니다.

그렇다면 이 경우는 어떨까요?

"쓰레기 무단투기 적발 시 10만 엔(약 90만 원)의 벌금을 물리 겠습니다."

이러면 마음이 움직입니다. 공포심이라는 게 생깁니다. 어느 정도 억제력이 작용하리라 생각합니다.

그런데 예를 들어, 음식점 주차장의 눈에 띄는 장소에 이런 포스터가 붙어 있다면 어떨까요? 살짝 무서운 점주가 있는 가 게일지도 모른다는 생각을 동시에 갖게 되지 않을까 싶습니다. 또, 공원에 이런 종이가 붙어 있다면 왠지 조금 갑갑한 생각이

들지도 모릅니다. 항상 기분 좋은 환경을 만들고 싶기에 쓰레기 무단투기를 멈추게 하고 싶다는 생각으로 붙여 놓은 것일 텐데, 그 목적에 비추어 볼 때 그다지 좋은 아이디어라고는 생각되지 않습니다.

그렇다면 이 경우는 어떨까요?

"항상 깨끗이 이용해 주셔서 감사합니다."

"음식을 드신 후의 쓰레기를 쓰레기통에 넣어 주셔서 감사합니다."

이러한 커뮤니케이션도 종종 볼 수 있습니다. 모두가 '환경을 생각해야 하는 당사자'임을 의식하게 만드는 데 성공했다고 생각합니다. 친절함이 오가는 공간이라고 느끼게 하면서 기분 좋은 공간을 만드는 일에 공헌하고 있다는 생각이 듭니다. 조금은 '착한 사람 증후군' 같은 인상이 없진 않지만 말입니다.

그럼 또 다른 접근도 살펴보기로 하겠습니다.

▎즐거움을 통해 사람의 행동을 바꾸는 스톡홀름 사례

스웨덴의 수도 스톡홀름의 사례입니다. 여기서는 말로 쓰레기 투기를 못 하게 하는 것이 아니라, 어떠한 장치를 만들어 행동을 바꿀 수는 없을까 하는 생각에서 자동차 회사인 폭스바겐에 의해 실증 실험이 이루어졌습니다.

공원에 설치된 쓰레기통에 특정 장치를 설치합니다. 쓰레기통 입구에 센서를 설치하여 쓰레기 투입이 감지되면 소리가 나오도록 만들었습니다.

"퓨~~~~~~~~~~~~웅. 토~~~~~~~~~~~~웅"

쓰레기통에 쓰레기를 버리면 마치 나락에 빠지는 것 같은 착각을 일으키는 소리가 나오도록 한 장치입니다. 생리적으로도 기분이 좋아 쓰레기를 쓰레기통에 넣는 것이 즐거워집니다. 결과적으로 쓰레기를 쓰레기통에 넣는 사람이 많아질 뿐 아니라, 공원에 떨어져 있던 쓰레기를 주워서 쓰레기통에 넣는 사람까지 생겼습니다. "쓰레기를 함부로 버리면 안 되므로 쓰레기통에 넣읍시다" 하고 '입바른 소리'를 해대는 것이 아니라 쓰레기통에 넣는 것을 즐겁게 만들면 된다고 하는 아이디어입니다.

이것을 '재미 이론Fun Theory(즐거움을 통해 사람의 행동을 바꾸는 이론)'이라고 이름 붙이고, 심리적으로는 해야 한다고 생각하지

그림 33 | 세계에서 가장 바닥이 깊은 쓰레기통

■　　세계에서 가장 바닥이 깊은 쓰레기통

만, 실행하지 못했던 행동에 응용할 수 있도록 한 것입니다. 이 가설을 토대로, 다양한 실증 실험이 진행됐습니다.

에스컬레이터를 사용하기보다 건강을 위해 계단을 사용하는 것이 좋다는 의견에 따라, 계단에 센서를 설치해 피아노 소리가 나도록 했습니다. 또한, 쓰레기 분리수거는 인베이더 게임처럼 바르게 분리하여 버릴 수 있도록 게임으로 만들었습니다.

이를 앞서 좋은 아이디어로 정의한 '사람의 마음을 움직여 행동을 유도한다'라는 내용에 적용해 보면 다음과 같이 말할 수 있습니다.

"사람의 마음을 '옳음이 아닌 즐거움'으로 움직여, '해야 한다고 생각하면서도 실행하지 못한' 행동을 유도한다."

▍커뮤니케이션 영역 이외에도 응용할 수 있을까?

그렇다면 커뮤니케이션 영역 이외에서는 어떨까요?

상품이든, 서비스든, 마을 활성화든, 조직 활성화든 사람이 관여하는 아이디어의 기본은 같다고 생각합니다. 물론 '가장 연비가 좋은 엔진을 만든다', '비용을 압도적으로 절감하는 생산 프로세스를 만든다', '실내 공기를 건조하게 하지 않는 에어컨 난방 시스템을 만든다' 등은 사람의 마음과는 상관없이, 이를 실현할 수 있는 아이디어야말로 좋은 아이디어일 것입니다.

하지만 이러한 발명도, 그 대부분은 '사람이 사용하기' 위한 것입니다. 아무리 멋진 아이디어라도 사용하지 않으면 세상에 없는 것이나 다름없습니다. 그렇게 생각하면 **어떤 과제에서든 '사람의 마음을 움직여 행동을 유도한다'라는 것과 마주해야 합니다.**

▌좋은 아이디어에는 반드시 좋은 인사이트가 담겨 있다

조금 더 얘기해 보겠습니다.

지금까지 좋은 아이디어란, 결과에 대해서 어느 것이 가장 제대로 기능하는지를 선택하는 작업이라고 말해 왔습니다. 이는 **'진짜의 진짜의 진짜'를 발견하는 작업이라고도 할 수 있습니다.** 좋은 아이디어를 선택할 때는 단순히 구조적으로 옳은 것을 고르기 쉬운데 그건 아니라고 생각합니다. **철저하게 소비자나 사용자의 관점에서 아이디어를 선택**해야 합니다. 소비자나 사용자를 정량적인 거시적 관점에서 파악하는 것이 아니라, 소비자 한 사람을 상정하여 그 한 사람의 '진짜의 진짜의 진짜'를 밝혀내는 것이 지름길인 경우가 많다고 생각합니다. 마케팅에서 커다란 전략을 생각할 때는 거시적 관점도 필요하지만, 실행할 아이디어를 생각할 때는 소비자 개인의 마음을 철저히 그리고 깊이 파고들어야 합니다.

좋은 아이디어에는 반드시 좋은 인사이트가 담겨 있습니다. 마케팅의 인사이트는 사람에 따라서 정의가 조금씩 달라지겠지만, 저는 **'인간의 행동이나 태도의 밑바탕에 있는 진심이나 핵심 등에 대한 깨달음'**이라고 정의하고 있습니다.

구체적인 예를 보면서 생각해 보겠습니다.

집 담벼락에 노상방뇨를 못 하게 할 '굉장한 아이디어'

이것은 제가 생각해 낸 게 아니라, Que의 광고 기획자이자 크리에이티브 디렉터인 오카베 마사히코가 연수를 진행할 때 다루는 예제입니다. 저도 때때로 연수를 진행할 때 예제로 사용하고 있습니다.

문제는 다음과 같습니다.

매일같이 밤마다 집 담벼락에 소변을 보는 사람들 때문에 곤란한 가정이 있습니다. 그런데 한 장의 경고문을 붙였더니 그런 일이 딱 멈췄지요. 자, 그 종이에는 무슨 '말'이 쓰여 있었을까요?

조금 상상력을 부풀려 생각해 보세요. 어떤 답이 떠오르나요?

| 노상방뇨를 멈추게 한 획기적인 아이디어란

제가 진행하는 강의에서 이 질문을 해 봤습니다. 어떤 대답이 돌아왔을까요?

> "감시 카메라 작동 중."
> "큼지막한 신사 도리이鳥居(일본 신사의 경내로 들어가는 입구를 나타
> 내는 의식적인 관문-옮긴이) 그림을 붙여 놓기."
> "벌금 10만 엔(약 90만 원)."
> "여기서 살인사건이 있었습니다."
> "노상 방뇨로 인해 나무가 죽었습니다."

다채로운 아이디어가 나왔습니다. 이 아이디어들의 효용을 인정하면서도 저는 "모범 답안'은 따로 있지 않을까요?" 하고 묻습니다. 그 답은 그림 34와 같습니다.

그림 34 | 노상방뇨를 멈추게 한 획기적인 아이디어

가까운 곳에 공중화장실이 있습니다

100m

공중화장실 장소를 알려 주면 과제를 해결할 수 있다는 아이디어. 이것이 왜 모범 답안일까요?

여기서 주목해야 할 점은 '**노상방뇨를 하는 사람도 사실 가까이에 화장실이 있다면 당연히 화장실에서 볼일을 보고 싶을 텐데, 화장실이 안 보여서 사람 눈에 안 띄는 곳을 찾아 해결하려는 심리에 의한 행동이다**'에 초점을 맞추고 있다는 사실입니다.

이 아이디어에는, 행동을 바꿔 놓고자 하는 상대는 집주인을 곤란하게 하려는 나쁜 사람이 아니라 자신의 행위가 나쁘다는 사실을 알면서도 '부득이한 상황'으로 인해 어쩔 수 없이 그런 행동을 하는 것이라는 깨달음이 있습니다. 그야말로 **타깃의 인사이트에 대한 발견**이 있는 것입니다.

이러한 깨달음이 없는, 앞서 언급한 아이디어들은 어떨까요? 좋지 못한 행동임을 알지만 어쩔 수 없다며 경고문도 무시한 채 담벼락에 소변을 보거나, 또는 여기서 소변을 봐서는 안 되는데 하고 그만둘 수도 있겠으나 '부득이한 상황'이라는 사실에는 변함이 없으므로 '사람들 눈에 띄지 않는 다른 장소'를 찾아 이웃집 벽이나 다른 쪽 벽에 소변을 보지 않을까 싶습니다.

이래서 '인사이트'가 중요하다는 말입니다. **좋은 아이디어에는 반드시 좋은 인사이트**가 담겨 있다고 말해도 과언이 아닙니다.

▎부정적인 것도 형태를 바꾸면 긍정적인 것으로 바뀐다

인사이트는 부정적인 것 안에 숨어 있는 경우가 많습니다.

소비자의 '불만족'을 발견하는 일이나 클레이튼 크리스텐슨 Clayton Magleby Christensen의 'Jobs to be Done' 이론도 같은 사고방식이라고 생각하는데, **소비자나 사용자에게 어떤 어려움이 있는지를 발견하는 것은 '좋은 아이디어'의 기점이 됩니다.**

세 번째 장에서 '결점에서 출발하는 사고법'으로 언급했던 테이블 표면에 남는 물방울 얼룩과 관련한 아이디어도 인사이트에 기초하고 있습니다.

다시 한번 이 사례를 살펴볼까요?

카페에서 아이스커피 같은 찬 음료를 주문했을 때, 또는 집에서 찬 음료를 마실 때 테이블 위에 물방울 얼룩이 생기곤 합니

그림 35 ▎ '테이블에 물방울 얼룩이 남아 불쾌감이 생긴다'라는 인사이트

다. 저는 카페 같은 곳에서 저도 모르게 테이블 표면에 묻은 물방울을 물수건으로 닦아내거나 티슈를 컵 아래 까는 경향이 있습니다. **이처럼 무의식적으로 하는 행위에 대해서 스트레스 상태임을 알아차리고 언어화할 수 있다는 것이야말로 좋은 아이디어의 토대가 되는 인사이트의 발견**이라고 말할 수 있습니다.

"컵에 맺힌 물방울이 테이블 위에 떨어져 불쾌감이 생긴다."

이러한 인사이트를 발견했을 때 어떤 아이디어를 좋은 아이디어로 채택해야 할까요?

하나는 두말할 필요도 없이 '물방울이 묻지 않도록 한다'라는 것에 대한 아이디어입니다. 그림 36과 같이 컵을 이중글라스로 하여 애초에 물방울이 묻지 않도록 하는 방법을 생각할 수 있습니다. 이것도 좋은 아이디어라고 생각합니다.

그림 36 Ⅰ '물방울이 묻지 않게 하는' 아이디어

그런데 이 문제의 해결 방법은 이뿐만이 아닙니다. 보통 유리컵에 찬 음료를 넣으면 물방울이 맺힌다는 전제를 뒤엎지 말고 아이디어로 이 문제를 해결하는 것입니다. 156쪽에 소개한 '사쿠라 사쿠 글라스'와 같이 말입니다. '사쿠라 사쿠(벚꽃이 피다는 의미-옮긴이)'라는 이름대로 유리컵 바닥을 가공하여 유리컵에 맺힌 물방울이 테이블 표면에 묻었을 때 벚꽃이 핀 듯한 자국이 남습니다. 물방울이 테이블 위에 묻어 불쾌한 느낌을 '즐거운 방향으로 바꾸는' 멋진 아이디어입니다.

이 밖에도 컵이 아닌 다른 아이디어를 통해 탄생한 제품도 있습니다. 바로 컵 받침을 새롭게 개발하는 것이었죠. 본래 컵 받침은 테이블에 물방울이 묻는 것을 방지하는 용도로 사용됐습니다. 하지만 종이 재질의 컵 받침은 컵을 들어 올릴 때 함께 딸려 오다가 도중에 테이블 위로 툭 떨어지거나 물방울로 흠뻑 젖는 등 본래 스트레스 해소를 위한 것이 오히려 새로운 스트레스가 생기는 결과를 만듭니다. 그래서 그림 37의 상품과 같이 물과 가장 궁합이 좋은 소재를 찾아내어 '물에 강하고, 물을 튕겨내고, 아무리 젖어도 모양이 망가지지 않는 소재'인 타일을 이용한 컵 받침이 만들어졌습니다.

유리컵에 둘러붙지 않을 뿐 아니라, 욕실 벽처럼 물에 젖어 있는 상태를 고려하여 만들어진 소재는 젖어도 모양이 망가지지 않고 오히려 예쁘게 느껴진다고 하는 이 아이디어도 훌륭하다고 생각합니다.

그림 37 ｜ '물에 젖어도 모양이 망가지지 않는' 컵 받침이라는 아이디어

어떤가요? 소비자 시선으로 이 세 가지 아이디어를 검증해 보면 모두 정답이라고 할 수 있습니다. 그 이유는 세 가지 **모두 인사이트가 제대로 담겨 있기 때문**입니다. 이처럼 견고한 인사이트는 유일한 정답이 있는 게 아닙니다. 그러므로 사고를 유연하게 하여 다양한 관점에서 인사이트의 가설을 세울 필요가 있습니다.

그러기 위해서라도 **'인사이트를 발견하는 힘'**을 단련해 나가야 합니다.

좋은 아이디어를
알아내는 기술

인사이트를 발견하는 힘은
'주변 영역의 지식'으로 만들어진다

앞서 서술한 것처럼, **'좋은 아이디어'를 선택하려면 인사이트를 발견하는 힘이 필요**합니다. 이 인사이트를 발견하는 힘은 어떻게 하면 몸에 밸까요?

사례를 들어 살펴보겠습니다. 다이슨이 '흡인력이 변함없는 단 하나의 진공청소기'라는 캐치프레이즈와 함께 사이클론식 청소기를 히트시켰는데, 빨아들인 청소기의 먼지가 보이도록 먼지 통을 투명하게 만든 점도 탁월한 아이디어라고 할 수 있습니다. 먼지는 더러우므로 보이지 않게 하자는 것이 이전까지의 청소기 디자인의 기본이었지만, 설계한 다이슨 본인에게는 확고한 자신감이 있었던 일이라고 생각됩니다. 먼지는 더러우니까 안 보이게 하는 것이 좋다. 뭐 틀린 말은 아닙니다.

그런데 코를 풀었을 때를 떠올려 보세요. 여러분은 어떤 행동을 하나요? 저는 시원하게 코가 풀리면 티슈를 덮지 않고 일단 콧물을 확인합니다. 상상하면 더럽게 느껴지겠지만 이런 행동을 하는 사람이 저만은 아닐 텐데요. 코를 풀고 시원해진 그 결과를 확인하는 것이 생리적으로 기분 좋은 일이라고 한다면 '빨아들인 먼지를 숨기지 않고 보이도록 하는 게 좋은 아이디어'라는 말이 되지 않을까요?

다이슨 청소기는 강력한 흡인력으로 먼지를 빨아들여 깨끗하게 청소하는 것을 도와줄 뿐 아니라, 그 **흡인력으로 빨아들인 먼지가 눈에 보이는 기분 좋은 느낌**도 제품의 가치를 높이고 있습니다. 동시에, 그 강력한 흡인력을 사람들에게 전달하기 쉽게 만들어졌다고 생각합니다.

▌몸에 좋은 것은 어떤 맛?

이 밖에도 좀 오래된 사례이기는 한데 인사이트가 담겨 있는 예를 들어 보고자 합니다.

"맛없어, 한 잔 더!"

요즘 젊은 사람들은 무슨 엉뚱한 말인가 싶겠지만, 강렬한 임팩트를 남겼던 녹즙 광고의 대사입니다. 이 녹즙 CF 광고는 매출에 엄청난 공헌을 했다고 합니다. 그런데 어떻게 대놓고 맛없다고 한 상품이 그렇게나 팔렸을까요?

여기에는 한 가지 인사이트가 숨겨져 있습니다. 그것은 바로 **'맛없는 게 몸에는 좋다'라고 생각하는 사람들의 공통된 심리**

입니다. '몸에 좋은 약은 입에 쓰다'라는 속담도 있듯이, 맛있는 녹즙이라고 말하기보다 맛이 없다고 말해야 오히려 사람들이 '몸에 좋겠다'라고 생각한다는 말입니다.

이와 같은 사고방식으로 히트 상품을 낳은 사례가 또 있습니다. 영양음료로 확고한 지위를 구축한 아리나민 V라는 상품은 비교적 후발 주자로 시장에 들어온 제품이었습니다. 그래서 이 제품은 타우린과 같은 효능 성분의 함량을 강조함과 동시에 **'맛이 쓰다'라는 방향**에 초점을 맞춘 아이디어를 생각했습니다. 경쟁 상품이 '쉽게 마실 수 있음'을 추구하는 가운데 어떤 의미에서는 역으로 승부를 걸었던 셈입니다. 결과적으로 "이 쓴맛이 왠지 '효과가 있을 것' 같다고 생각하게 만든단 말이지!"라는 팬층을 낳아 후발 주자이면서도 대히트를 거두게 되었습니다.

이처럼 **인사이트를 발견해 가기 위해서는 그 분야의 전문 지식이 아닌 '주변 지식'이라고 할 수 있는 부연 가능한 인간 행동의 공통항과 같은 것의 깨달음**이 중요해집니다. 그것은 부정적인 감정과 긍정적인 감정 양쪽 모두에 있습니다.

인사이트를 발견하는 힘을 단련하기 위해서 저는 다음의 세 가지 접근 방법을 취하고 있습니다. 첫 번째는 **자기 마음에 귀를 기울이는 것**입니다. 세 번째 장에서 언급했던 스트레스 목록을 만들거나 반대로 자신의 기분이 긍정적으로 움직이는 긍정 리스트와 같은 것을 만듭니다. 두 번째는 **타인을 관찰하는 것**입니다. 패스트푸드점에서 젊은이들의 대화에 귀를 기울여 봅니다. 자신이 타깃이 아닌 SNS에서 그 발언의 뒷면에 있는 생각을 상상해 보면 좋습니다. 세 번째는 **조사나 분석 리포트, 논문이나 서적을 통해 보편적인 심리, 각 세대의 가치관 차이 등을 파악해 가는 것**입니다.

저는 이러한 인풋을 통해 인사이트를 발견하는 힘을 단련하고 있습니다. 뒤에서 제가 실천하고 있는 단련 방법의 예를 소개하겠습니다.

트렌드에서
인사이트를 도출하기

지금까지 '사람의 마음을 움직여 행동을 유도한다'라는 것에 대해서 살펴보았습니다. 사람의 마음을 움직이고 행동을 바꾸도록 하는 데는 인사이트의 발견이 매우 중요한 열쇠를 쥐고 있음을 이제 여러분도 아셨으리라 생각합니다.

지금까지는 심리학적 인사이트, 문화인류학적 인사이트를 살펴봤는데, 이 밖에 세상의 트렌드라는 것도 인사이트와 많은 관련이 있습니다.

▎ 타피오카 음료는 왜 유행했을까?

한 가지 예로 2018년경부터 시작된 타피오카 붐을 살펴보겠습니다. 인스타그램을 중심으로 한 SNS를 매개로 젊은 층의 큰 호응을 얻었던 이 붐은 어쩌다 일어나게 되었을까요?

요인은 몇 가지 생각할 수 있습니다. 어쩌면 쓴 커피보다는 달콤해서 마시면 행복감을 맛볼 수 있는 카페라테 같은 음료의 발전형으로, 타피오카가 들어간 밀크티가 지지받았다고 보는 관점도 분명히 있을 듯합니다.

하지만 그것뿐이라면 밀크티나 로열 밀크티 붐이 일어날 수도 있었겠지요. Que에서 내부적으로 이 붐과 관련하여 사례연구회를 진행했던 적이 있습니다. 그때 사장이자 전략 담당인 마미야 요스케間宮洋介가 다음과 같은 의견을 말했습니다.

"맛이 아니라 타피오카가 가지고 있는 물성에 포인트가 있는 것은 아닐까?"

SNS를 통한 확산에는 반드시 필요한 요소가 있는데, 그것은 바로 '부정되지 않아야 한다'는 것입니다. 특히나 일본인은 부정될 가능성이 있는 이야기를 하는 것을 망설이는 경향이 있습니다. 예를 들어, "이 타피오카 음료, 진짜 맛있어"라고 말하고 싶어지는 게 가치價値라면, 그다지 확산이 잘 일어나지 않았을 것입니다. 왜냐하면, 그 게시글을 본 누군가가 '음, 별로던데'라고 생각하면 싫을 것 같다는 마음도 동시에 생겨나기 때문입니다. 그래서 그보다는 타피오카가 가진 물성에 확산되는 요소가 내포되어 있다고 생각합니다.

"이 타피오카 진짜 크더라."(확실히 크긴 해)
"이 타피오카 엄청 쫀득하던데."(맞아. 식감이 좋았어)

이 같은 물성의 가치가 타피오카 음료에 들어가 있었기에, 부정할 수 없는 가치를 전달할 수 있었습니다. 그 결과, 여러 곳에서 방사상으로 가치 확산이 이루어졌다는 가설을 세울 수 있습니다.

▎ 부정될 우려가 있는 것은 확산하기 어렵다

이 얘기를 듣고 당시 인스타그램을 분석했습니다. 영어 해시태그의 인기 순위와 일본어 해시태그의 인기 순위를 조사했더니 재미있는 사실을 발견할 수 있었습니다.

영어 댓글의 1위는 '#LOVE'였습니다. 한편 일본어 댓글의 1위는 '#고양이'였습니다. 또한, 1위 이하의 인기 순위에서도 비슷한 경향이 보였습니다. 영어 댓글의 경우 '#LIKE', '#My faborite' 등 자신의 '감정 공유'가 잇달아 순위에 있었는데, 일본어 댓글의 경우는 '#패션', '#런치', '#네일', '#여행' 등 감정 공유가 아닌 '카테고리 공유'가 상위를 차지하고 있었습니다. 이를 통해 보이는 인사이트는 **일본에서는 '부정될 수 있는 가치의 전달'이 유통되기가 쉽지 않다**는 사실입니다.

이것은 행동으로도 나타납니다. 예를 들어, 영화 같은 콘텐츠에서도 자신의 의견을 말하기 전에 리뷰를 보고 발언하는 사람이 많아지고 있는 경향입니다. "(영화평론가)인 ○○ 씨는 별로라고 말했지만, 나는 최고였다"라든가 "○○가 추천할 만한 가치가 있는 작품이었다. 눈물샘을 자극한다" 등 부정하기 어렵게 방패막이를 내세워 발언하는 경우가 종종 보입니다.

이처럼 세상의 트렌드를 쫓아 그러한 현상이 일어난 배경에는 어떤 인사이트가 숨어 있는지를 살피다 보면 견고한 아이디어를 창출하는 씨앗이 싹틀 수도 있습니다.

▐ '인사이트를 발견하는 힘'을 키우는 훈련 ①

아이디어 근력 훈련 1을 통해 편의점에서 평소 사지 않는 제품을 구매해 보는 것도 인사이트를 발견하는 힘을 향상하는 데 효과적인 수단이라고 말씀드렸습니다. 그 밖에도 제가 실천하고 있는 방법을 간단히 소개하고자 합니다.

먼저 첫 번째로는 **자신이 타깃으로 삼고 있지 않은 미디어에 적극적으로 접근하여 '자신이 아닌 사람들'의 의견이나 트렌드, 심층 심리 등을 인풋** 하려고 노력하고 있습니다.

모든 것을 꼼꼼히 다 읽으려면 시간이 아무리 많아도 부족하므로 시간을 들이지 않고 가능한 한 많은 잡지를 보는 것이 중요합니다. 예를 들면, 20~30대를 타깃으로 한 여성지의 표지를 빠짐없이 보거나 순서대로 빠르게 넘기면서 지면을 보고 제목만이라도 훑어보려고 하고 있습니다. 이런 식으로 취미 잡지 등도 포함해서 되도록 폭넓게 살펴보면 좋습니다. 장소는 도서관 잡지 코너도 좋지만, 정액제로 모든 잡지를 볼 수 있는 앱도 있으므로 그것도 추천합니다.

반면에 인사이트를 발견하는 힘을 기르는 방법으로 스마트폰 뉴스 앱이나 동영상 앱은 별로 추천하고 싶지 않습니다. 지금은 알고리즘에 의해 정보가 자신에게 최적화되어 버리기 때문에 '자신 이외의 다른 곳을 향한 정보'에 접촉하는 일이 적어지기 때문입니다. 그래서 타깃이 세분화된 잡지를 추천합니다.

그밖에는 **인터넷에 올라올 게시글을 예상해 보는** 방법도 있습니다. 뉴스나 핫토픽이 있을 때 인터넷상에서 어떠한 의견이 많은지를 '예상하는' 것입니다. SNS나 포털사이트 기사의 댓글을 '예상한 후에' 예상이 맞아떨어졌는지 비교해 보기도 합니다. 인터넷상의 의견이므로 그것이 세상 전체의 의견은 아니지만, 예를 들어 야후 기사에는 어떠한 반응의 댓글이 많은지, X(엑스)에는 어떤 반응이 리트윗되고 있는지와 같은 감각을 포착할 수 있습니다.

이렇게 일상생활을 하면서도 인사이트를 발견하는 힘을 키우는 방법을 궁리할 수 있습니다. 여러분도 자기 나름의 인사이트를 발견하는 힘을 키우는 방법을 실천해 보시기 바랍니다.

▎ '인사이트를 발견하는 힘'을 키우는 훈련 ②

제가 실천하는 또 하나의 방법을 소개하겠습니다. 그것은 **하나의 인풋에서 구슬을 꿰듯 탐구를 깊이 해 나가는** 방법입니다.

사실 이 방법은 처음부터 가능하지는 않았습니다. 그저 견고한 인사이트의 발견이 능숙한 사람들을 흉내 내어 봤던 것입니다. 그들에게 "어떻게 하면 그런 발상이 가능한가요?" 하고 물어보니, 의식해서 하는 사람이든 의식하지 않고 하는 사람이든 공통하는 부분이 있었습니다. 그것은 '**하나의 인풋을 통해 다른 사람보다 많은 걸 배우고 있다**'라는 것이었습니다. 도대체 무슨 말일까요? 제가 그들이 배우는 방법을 활용하여 실천하고 있는 예를 설명해 보겠습니다.

다음의 광고문구가 인풋이라고 가정해 봅니다.

"한 권, 같은 책을 읽는다면 대화를 나눌 수 있을 거예요."

이 문장은 1980년에 신초샤新潮社 출판사의 신초 문고 페어를 위해 만들어진 문구입니다. 카피라이터의 신이라 불리는 나카하타 타카시仲畑貴志가 쓴 것으로, 꽤 오래전의 것이지만 아는 사람도 많으리라 생각합니다.

이 카피에서 배울 수 있는 것은 무엇일까요? 좋은 인사이트를 발견했다며 마음속에 새기는 것은 첫 번째 단계의 배움이라고 생각합니다. 거기서부터 조금 더 넓혀 '이것은 책뿐 아니라, 다른 것에도 응용할 수 있지 않을까?' 하고 생각하는 것이 두 번째 단계의 배움이라고 할 수 있습니다. 예를 들어, 같은 운동을 하고, 같은 음악을 자주 듣고, 같은 음식을 좋아하고, 같은 게임을 즐기고, 같은 날씨를 좋아하는 등 여러 가지에 응용할 수 있습니다.

한층 더 넓혀 보면 반대의 상황도 있을 수 있다고 생각하는 것이 세 번째 단계의 배움입니다. 이를테면, 그 상사의 이런 점이 싫다거나, 식당에서 이런 대접을 받는 게 싫다 같이 싫어하는 게 같다는 공감대로 타인과의 거리감이 좁혀졌다는 경험을 해본 사람도 많지 않을까 싶습니다.

이처럼 구슬을 꿰듯 사고를 확장해 나갑니다. 저는 한 단계 더 나아가서 "이와 관련한 연구가 이미 있지 않을까?" 하고 논문을 조사하기도 합니다. 네 번째 단계의 배움입니다. 이 예를 통해 말하자면 프리츠 하이더Fritz Heider라는 심리학자가 1946년에 발표한 '균형 이론Balance theory'이라는 것에 도달하게 됩니다. 자세한 설명은 생략하겠지만, "좋아하는 상대와는 같은 것을 좋아하거나 같은 것을 싫어하는 식으로 균형을 잡으려 하고, 싫어하는 상대와는 좋아하는 것과 싫어하는 것을 반대가 되도록 해서 균형을 잡으려고 한다"라는 것입니다.

이런 식으로 배움을 확장해 나가다 보면 인사이트로서 응용할 수 있지 않을까요? 가령 자기소개를 진행할 때도 단순히 인사만 하고 끝내기보다 자신이 좋아하는 것과 싫어하는 것까지 모두 전달한다면 타인과의 거리감을 좁히는 효과적인 수단이 될 수도 있다는 가설을 세울 수도 있습니다.

이렇게 '하나의 인풋에서 구슬을 꿰어 나가듯 탐구'한 것을 저는 노션을 이용해 데이터베이스화하고 있습니다. 의식하지 않아도 이러한 사고가 가능한 사람이 있지만, 저처럼 의식해서 배우지 않으면 불가능한 사람에게는 유용한 방법이므로 한번 시도해 보시면 좋겠습니다.

기준점 바꾸기

어렸을 적 친구들과의 커뮤니티를 상상해 볼까요? 그 시절 커뮤니케이션의 강자가 사용했던 기술들을 모두 확인해 보고자 합니다.

예를 들면, 만화 도라에몽 속 등장인물 퉁퉁이. 그의 유명한 대사로 "네 것은 내 것, 내 것도 내 것!"이라는 대사가 있습니다. 이를 풀어 보면 '가치판단의 기준'을 퉁퉁이 본인이 설정하고 있습니다. 안하무인인 데다가 존중할 수도 없지만, 비즈니스적으로는 배울 만한 포인트가 있습니다.

이번에는 다른 예로, 가위바위보를 할 때 그림 38과 같이 손을 내미는 친구는 없었나요? 가위이기도 하고, 바위이기도 하고, 보이기도

그림 38 | 최강의 가위바위보

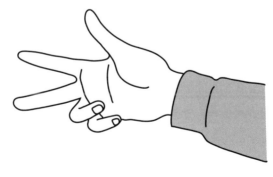

하니까 최강이라는 궤변을 늘어놓는 친구에게 당했던 적이 저는 있습니다. 물론 이 경우에는 진 것일 수도 있고, 비긴 것일 수도 있고, 이긴 것일 수도 있으니 결국 무승부일 수밖에 없지만, 어릴 적 친구들 사이에서는 규칙을 바꾸는 일이 많았습니다.

또, 술래잡기 놀이에서 10초를 셀 때도 빠르게 3초 만에 끝내버리는 친구들이 있습니다. 그런 친구들에게 규칙은 언제든 바뀔 수 있는 것이었습니다. 물론 대부분이 황당무계한 것들입니다. 하지만 비즈니스 현장에서는 그들에게 배울 만한 점도 있어 보입니다.

지금까지의 상식에 얽매여 지나치게 좁은 규칙의 폭으로 생각하고 있지는 않나요? 그런 관점에서 살펴보면 규칙이나 판단의 기준을 바꾸는 싸움을 하는 예도 보입니다. 예를 들어 산토리의 더 프리미엄 몰츠는 '맥주의 깊은 맛은 거품에 있다'라는 캐치프레이즈로 '카미아와神泡(더 프리미엄 몰츠만의 독자적인 재료와 제조법에 더하여 가정에서건 밖에서건 맥주를 따르는 특별한 방법을 통해 실현되는 섬세하고 부드러운 거품을 말함-옮긴이)'를 어필하며 소비자의 구매 욕구를 자극합니다. 이것은 감칠맛, 진한 맛 등과 같은 이전까지의 맥주를 고르는 '기준점'의 이동을 겨냥하고 있다고 생각됩니다.

이 밖에도 유능한 자동차 딜러분께 들은 재밌는 얘기가 있습니다. 그가 말하길 대개의 자동차 판매 사원이 시승 고객에게 말하는 "자유롭게 타 보세요"라는 말은 판매에 아무런 도움이 안 된다고 합니다. 그의 말에 따르면 자유롭게 시승하도록 하지 않는 것이 중요하다고 합니다. 즉 '사전에 살펴봐야 할 포인트'를 좁혀서 전달하는 것이 중요하다는 얘기입니다. "자유롭게 타 보세요"라고 말하는 경우와 "액셀을 밟았을 때의 가속감. 그 점에 주목해 주세요"라고 말하는 경우의 시승 후 감상을 비교해 보면, 전자의 경우는 "좋은데요"와 같은 추상적인 감상이 많고, 그에 반해 후자, 즉 '사전에 살펴봐야 할 포인트'에 초점을 맞춘 경우는 "가속감이 굉장한데요"와 같이 구체적인 감상이 돌아온다고 합니다. 그의 주장은 "상품이 체험 가치를 결정하는" 게 아니라, "사전 정보의 인풋을 통해 체험 가치가 바뀐다"라는 것이었습니다. 자동차 구매 결정이 객관적인 사양의 비교가 아닌 주관적인 이해도라고 한다면 꽤 유용한 아이디어라고 생각됩니다.

이처럼 지금까지의 당연함을 의심하고 새로운 틀로 다시 살펴보기도 하고, "이러이러한 이유로 구매를 결정한다"라는 등의 전제를 의심하면서 규칙을 바꿔 보는 것을 머릿속으로 계속 생각하다 보면 지금까지 깨닫지 못했던 포인트가 떠오를 수도 있습니다. 패러다임 시프트라는 말이 일상적으로 쓰이는 지금이야말로 이제껏 상식이라여겼던 발상을 뒤엎을 만한 '새로운 기준점'을 제시해야 할 때라고 생각하는 리더의 태도가 중요할지도 모르겠습니다.

"가위바위보 최강!"

이런 초등학생에게서도 배울 점이 있네요.

6장

아이디어의 실현을
가속화하기 위한
동료를 늘리는 기술

아이디어를 실현하려면
동료가 필요

아이디어를 개인 차원에서 또는 팀 차원에서 창출하여 발전시켜 나가는 것, 그리고 '좋은 아이디어'를 확인하는 기술을 다섯 번째 장까지 설명했습니다.

이제 **드디어 아이디어를 실현해 나갈 차례입니다.** 아이디어 강의를 할 때 반드시 말씀드리는 게 있습니다. 그것은 바로 **아이디어란 기획할 때만 필요하다고 생각하기 쉽지만, 실행 단계에서도 마찬가지로 아이디어가 필요하다는 사실입니다.** 단순히 발상하는 것만이 아이디어는 아니며, 생각한 것을 형태로 만들기 위해 실행하는 힘에도 아이디어는 크게 관여합니다.

예를 들어, '마을의 인구를 늘린다'라는 과제와 관련해서 '산촌 유학을 수용한다'라는 발상의 아이디어를 냈다고 해서 그것으로 끝이 나는 게 아닙니다. 실행 단계가 되었을 때 '지금은 어떻게 할 것인지?', '어떻게 해서 도회지의 아이들이 찾아오게 할 것인지?', '아이들이 머물 곳은?' 등 생각해야 할 일이 많고, 그 모든 일에 아이디어가 필요합니다. 그런 과제에 대해서 능동적으로 움직여 주는 동료가 늘어난다면 프로젝트의 속도는 빠르게 진행되고 영향력 있는 것이 됩니다. 실행 단계에서는 혼자서만 구상하기보다는 주변을 어떻게 끌어들일 것인지가 매우 중요해집니다. 하나의 아이디어를 넓혀 발전시켜 나가는 데도 동료는 중요합니다.

앞서 소개했던 《60분 만에 읽었지만 평생 당신 곁을 떠나지 않을 아이디어 생산법》의 저자인 제임스 영도 **"좋은 아이디어란 말하자면 스스로 성장하는 성질을 가지고 있음을 여러분도 깨닫게 될 것이다. 좋은 아이디어는 그것을 보는 사람들을 자극하기에 그 사람들이 그 아이디어에 도움을 주는 것이다. 여러분이 간과했던 그 아이디어가 지닌 다양한 가능성이 이렇게 해서 드러나게 된다"**라고 설파했습니다. 즉, **중요한 것은 '다 함께 만들어 낸다'라는 관점**입니다.

어떤 물건을 생산할 때도, 물건이나 서비스를 유통해 나갈 때도 **아이디어를 실현해 나가려면 동료가 필요합니다.** 사내뿐 아니라 사외 파트너에게도 제대로 이해시켜 응원해 주는 '동료로 만드는 것'이 중요합니다.

어떻게 하면 '동료'를 늘릴 수 있을까요? "동료가 되어 주세요"라고 말하거나 "응원해 주세요"라고 직접 부탁해야 할까요?

물론 그것도 중요하겠지만 동료를 만드는 방법에도 아이디어를 사용할 수 있습니다.

데릭 시버스가 언급한 '두 번째 사람'의 중요성

　뮤지션 또는 기업가로 소개되는 데릭 시버스Derek Sivers가 TED 강연에서 '어떻게 사회운동을 시작하는가?'라는 주제로 발표한 유명한 프레젠테이션이 있습니다. NHK의 프로그램 〈슈퍼 프레젠테이션〉에서도 방영되었으므로 알고 계신 분도 많으리라 생각합니다.

　이 프레젠테이션에서 한 영상이 소개되는데, 영상의 내용은 다음과 같습니다. 언덕 중턱에 자리한 넓은 잔디밭에 다양한 사람들이 모여 앉아 삼삼오오 이야기를 나누고 있습니다. 그런데 갑자기 한 남성이 겉옷을 훌러덩 벗은 채 기묘한 춤을 추기 시작합니다. 하지만 한참 동안 아무 일도 일어나지 않습니다. 누구도 신경을 쓰지 않았거나 이상한 사람이라며 못 본 척했거나 일부러 주목하지 않았을 수도 있습니다. 황당해하는 사람도 있었습니다.

그런데 어느 한 사람에 의해 상황이 뒤바뀝니다. 팬티 바람으로 춤추는 남성 옆으로 다가와 이상한 춤 동작을 따라 하며 함께 춤추는 사람이 나타난 것입니다. 게다가 왠지 매우 즐거워 보입니다. 그러자 어떤 일이 벌어졌을까요? 이 팬티 바람의 남성 옆에서 함께 춤을 추는 사람에 의해 상황이 완전히 달라집니다. 또 한 사람, 또 한 사람 점점 춤을 따라 하는 사람이 늘어나고 방금까지 못 본 척하던 사람까지 합세합니다. 그리고 이 춤추는 사람들의 집단을 멀리서 보고만 있던 사람들도 달려와 참여합니다. 마지막에는 화면에 비친 모든 사람이 춤을 추고 있는 모습으로 영상은 끝납니다.

어느 한 사람으로부터 시작된 기묘한 춤이 순식간에 퍼져서 모두가 참여하는 것으로 바뀌었습니다. 이 짧은 시간에 벌어진 일을 소개하면서 데릭 시버스는 이렇게 말합니다.

"가장 큰 교훈은 리더십이 과대 평가되고 있다는 점입니다. 물론 팬티 바람의 남성이 최초였습니다. 그에게는 공적이 있지요. 하지만 한 미치광이를 리더로 바꾼 것은 최초의 팔로워였습니다."

그의 말처럼 모두가 못 본 척하고 있을 때 그의 춤을 즐겁게 따라 하기 시작한 최초의 팔로워가 없었다면 이런 상황은 벌어지지 않았으리라 생각합니다.

이 사례는 아이디어를 실현하고 넓혀 나가는 데 매우 참고가 됩니다. 아이디어를 무작정 넓혀 가는 것이 아니라, 먼저 **최초의 팔로워를 어떻게 확보할 것인지, 바꿔 말하면 '동료'를 만들기 위해 아이디어를 어떻게 전달해 갈 것인지**를 생각해야 합니다. 위 영상 사례와 같이, **최초의 팔로워를 획득하기 위한 '전달할 아이디어'**를 생각해 나가야 합니다. 여기서 중요한 것은 처음부터 '모두', '많이'를 지향하기보다도 **'첫 번째 팔로워를 획득하는 것에 주력한다'**라는 관점입니다.

　마케팅에서 흔히 말하는 바와 같이 '모두'라는 사용자는 없습니다. 한 사람으로 범위를 좁히면 모두에게 닿지 않는 것은 아닐까 싶어 우려되기도 하겠지만, 한 사람에게조차 닿지 못하는 '전달 방법'으로는 누구의 마음도 붙잡을 수 없습니다. 반대로 한 사람의 마음을 움직일 수 있으면 그 사람에게 공감하는 사람들에게도 저절로 퍼져나갑니다. 그런 최초의 팔로워(동료)를 위해 어떻게 아이디어를 공유할지 생각하면 좋겠습니다.

아이디어 공유에서 중요한 점은 '응원받고 있다'를 목표에 두는 것

그렇다면 어떻게 아이디어를 공유하면 될까요?

흔히 누군가에게 뭔가를 전달할 때는 '이해', '수긍', '공감'의 3단계가 있다고 합니다. 타인과의 커뮤니케이션에서는 이해만으로 끝내기보다 수긍, 나아가 공감을 지향하자는 말입니다.

> 1단계 – 이해(아이디어의 내용이 잘 전해져서 이해가 간다)
>
> 2단계 – 수긍(아이디어의 내용이 옳다고 인정한다)
>
> 3단계 – 공감(아이디어나 그 대처에 공감할 수 있다)

이처럼 '전달되는 신도'와 같은 것이 있어 이해나 수긍으로 끝내지 말고 공감을 목표로 삼자는 얘기입니다(그림 39). 이것은 매우 이해하기 쉽지만, 저는 조금 달리 이해하고 있습니다.

그림 39 | 타인에게 전달할 때의 3단계

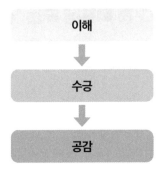

먼저, 무엇을 위해 아이디어를 공유할 것인지를 생각하면 그 목표는 '응원받는 것'이라는 말로 집약됩니다. 그리고 그 '응원받는 것'이라는 목적을 달성하기 위해서라면 그 수단은 무엇이든 가능합니다. 이해에서 순차적으로 진행해도 되고 처음부터 공감을 얻는 것도 괜찮습니다.

그렇다면 왜 '응원받는' 것을 목표로 삼아야 할까요? 그 이유는 응원받는 것이 아이디어 실현을 위해서는 매우 중요하다고 생각하기 때문입니다. 예를 들어, 프레젠테이션이 진행되는 자리를 상상해 보세요. 아이디어를 누군가에게 전달하는 프레젠테이션이 이루어지는 자리에서 듣는 사람의 반응은 크게 두 가지로 갈립니다. 하나는 논점의 모순이나 부족한 점을 지적하는 반응, 또 하나는 이렇게 하면 좋아지지 않겠냐고 응원하는 반응으로, 그러한 응원을 통해 잇달아 건설적인 아이디어가 더해집니다. 발표 내용에 따라 반응에 차이가 나타나는 것은 당연하지만, 비슷한 아이디어라도 전자와 후자로 반응이 나뉩니다. 아이디어를 실현할 때 어느 쪽이 유리한지는 두말할 필요 없습니다.

저는 듣는 사람이 '무심코 응원하고 싶어지는' 후자와 같은 '아이디어 전달 방식'을 어떻게 하면 만들어 갈 수 있을지를 항상 생각해 왔습니다. 왜냐하면 상세한 사업계획이나 완벽한 기획서를 만들기보다 '응원받는 것'을 만들 수 있는 것이 중요하다고 생각해 왔기 때문입니다.

사람 중에도 '응원받는 사람'과 '응원받지 못하는 사람'이 있습니다. 기업이나 브랜드도 응원받는 브랜드와 응원받지 못하는 브랜드가 있습니다. 아이디어도, 사람도, 기업도 사실 근본적인 것은 같지 않을까 생각합니다. 네거티브 체크에서 벗어나 연달아 협력자가 나타나서 아이디어가 더해져 가는 '응원받는 상황'이 되는 데 필요한 것을 생각해 나가면 좋겠습니다.

응원받기 위한 아이디어 전달 기술 1.
사고 과정을 그대로 전달하기

먼저 아이디어를 전달하는 방법을 살펴보겠습니다.

제가 광고 대행사에서 크리에이티브 직무를 맡고 있을 때, '팀원 각자가 아이디어를 가지고 모이는' 일이 많았습니다. TV CF 광고나 캐치프레이즈를 생각하는 것에서부터 프로모션 아이디어, 입소문을 겨냥한 기획이나 PR에 이르기까지 크리에이티브 디렉터가 내준 '숙제'를 가지고 모여서 서로 발표하는 회의를 열고는 했습니다. 이에 대해서는 지금까지 여러 차례 언급했습니다.

업무 규모가 클 때는 플래너 수도 다섯 명이나 되고, 다른 사람의 아이디어를 들을 기회도 많았습니다. 당시 선배를 포함한 동료들 가운데 안건이 채택되는 경우가 특히나 많은 사람이 있었습니다.

"이 안건을 축으로 삼아 아이디어를 부풀려 가보죠"라거나 "이를 토대로 프레젠테이션을 진행해 봅시다"라는 식으로 아이디어가 채택되는 일이 많았는데, 그래서 그 사람에게 어떤 특별함이 있는지 주의 깊게 봤습니다. 그랬더니 기획 자체가 좋은 건 당연하고 발표 방법에도 남다른 노력이 엿보였습니다.

그가 실천했던 방법은 '사고 과정을 그대로 전달하는 일'이었습니다. 아이디어를 떠올릴 때 기본적으로 갑자기 생각이 번뜩 떠올랐다는 사람은 적습니다. 보통은 전제 조건이나 문제의 정리, 과제 설정에서부터 생각해 나가는 사람이 많습니다. 그때 **'머릿속에서 진행한 사고 과정을 그대로 말하면' 남에게 이해받기가 쉬워집니다.** "이렇게 생각해서 이런 아이디어에 이르렀습니다만, 이런 이유로 이 아이디어는 어렵다고 생각합니다. 그래서 이번에는 이러한 가설을 세워…"라는 식으로 자신이 생각한 사고 과정을 순차적으로 말하는 것이 느끼는 바나 입장이 서로 다른 많은 사람을 수긍하게 만드는 비결인 듯합니다.

게다가 이 방법의 부차적 효과로는 팀이나 동료와 아이디어를 만들 때 도움이 되는 정보가 포함된다는 점입니다. 예를 들면, "이 방향으로 아이디어를 깊이 파고들어 봐도 이런 벽에 부딪힌다"라는 점을 공유하는 것은 다른 팀원의 시간을 절약해 줍니다. 또한, 사고 과정을 밀하는 가운데 다른 사람이 새로운 아이디어의 원천이 되는 '발상 축'을 발견해 주기도 합니다.

응원받기 위한 아이디어 전달 기술 2.
추상 → 구체의 순서로 말하기

비즈니스 현장에서는 '구체적 사고력'과 '추상적 사고력' 양쪽 모두가 중요하다고 합니다. 하지만 처음에 타인에게 무언가를 전달할 때는 먼저 '추상적'이라는 점이 요구되는 경우가 많은 것 같습니다. 다만, 아이디어를 공유할 때 중요한 것은 추상적 개념만이 아니라, 거기에 구체성이 포함되어 있어야 한다는 점입니다. 이해하기 쉽게 말하면 **'추상 → 구체'의 순서로 말하는 것이 중요**합니다.

시험 삼아 Que 소개를 해보겠습니다.

- 추상만으로 구성: 주식회사 Que는 브랜드 컨설팅 회사입니다.
- 구체만으로 구성: 주식회사 Que는 광고 제작과 마케팅 컨설팅 및 콘텐츠 제작을 하고 있습니다.

- 추상과 구체로 구성 : 주식회사 Que는 브랜드 컨설팅 회사입니다. 광고 제작과 마케팅 컨설팅, 그리고 콘텐츠 제작을 하고 있습니다.

이처럼 추상과 구체 양쪽으로 구성해서 설명하니 훨씬 잘 전달됩니다.

이를 아이디어 전달 방법으로 만들어 가면 어떻게 될까요? 앞서 소개했던 인구 과소화로 인해 고민하는 마을에 사람을 끌어모으는 방법이라는 주제로 작성해 볼까요? 처음부터 추상과 구체의 조합으로 구성한 것을 살펴보겠습니다.

> 추상과 구체로 구성 : 과제 탐구형 산촌 유학 시행. 산촌 유학을 온 고등학생에게는 마을에서 살기 시작함과 동시에 마을 이장으로부터 '마을의 과제'가 하나 주어진다. 예를 들면, 마을에서 생산하는 '유자'를 이용한 특산품을 개발하여 마을의 경제를 풍요롭게 한다고 하는 쉽지 않은 과제로, 고등학생에게는 마을 이장, 농가, 식품 가공업자, 학교 선생님 등이 서포터로 따라붙어 과제 해결을 위해 최소 1년간 함께 진행한다.

이 문장에서는 구체를 2단계로 나누어 쓰고 있습니다. 마을 이장으로부터 한 가지 과제가 제시된다는 점과 그 과제 내용에 대한 예를 들고 있습니다. 그리고 유자라는 예가 있음으로써,

사과를 이용한 마을 일으키기라는 과제가 있을 수도 있고, 전통 예능을 이용한 마을 살리기라는 과제가 있을 수도 있다는 식으로 이미지가 멋대로 부풀어 가도록 합니다.

이처럼 구체를 넣을 때는 빙산의 일각이기는 해도 그 빙산의 일각인 '예를 들면'에 의해 그 밖에도 얼마나 많은 것이 있을까 하는 이미지가 부풀어 가는 것을 상상하면서 이야기를 구성하는 것이 중요합니다.

응원받기 위한 아이디어 전달 기술 3.
아이디어에 한 줄의 이름 붙이기

　　스타트업 기업의 경영자로부터 투자가나 거래처를 상대로 진행할 프레젠테이션에 대해서 상담을 요청받는 일이 있습니다. 그때 종종 말씀드리는 것이 **"사업 아이디어 그 자체에 한 줄 정도의 이름을 붙여 보자"**라는 얘기입니다. 그 이유는 짧은 말만으로도 그 아이디어가 어떤 것이며, 어떤 가능성을 숨기고 있는지, 무엇을 해결하려는 것인지 등의 내용이 전달되면 아이디어 전체에 대한 이해가 훨씬 빨라지기 때문입니다.

　　그때 제가 의식하는 것은 **'검증 가능한 가설'을 포함할 수 있느냐 없느냐**는 점입니다. 예를 들어, 다음과 같은 요령으로 아이디어에 이름을 붙입니다.

　　"운동을 계속할 수 없다는 말을 못 하게 만드는 운동 기구."

"관엽식물이 시드는 현상을 반감시키는 화분."

"카페라테와 같은 카테고리라고 생각되는 캔 커피."

어떤가요? 모두 아이디어의 핵심이 되는 '검증 가능한 가설'
이 포함되어 있다고 생각되지 않나요? 아이디어를 듣는 사람도
처음에 이러한 한 줄의 설명이 인풋 되면 아이디어 이해 속도
와 심도가 훨씬 높아집니다.

그런데 이 작업, 실제로 해보면 의외로 어렵습니다. 깔끔하게
딱 떨어지는 한 줄의 문장을 만들기가 좀처럼 쉽지 않습니다.
깔끔한 네이밍이 되지 못하는 이유는 기술이 문제가 아니라, 아
이디어 그 자체가 깔끔하지 않을 가능성이 있기 때문입니다. 이
러한 아이디어 네이밍을 생각하는 과정 그 자체가 아이디어를
세련되게 만드는 것으로도 이어집니다. 또한, 이 한 줄의 네이
밍이 깔끔하고 세련되면 아이디어를 공유하기도 쉬워지고 그
에 대한 반응도 깔끔합니다.

'**말은 가장 빠르고 저렴한 프로토타이핑 도구다**'라는 것이 저
의 지론입니다. 꼭 한 번 이 '아이디어에 이름 붙이기'를 시도해
보시면 좋겠습니다.

'응원받는 관계성 구축'도
기술이라고 생각하자

그렇다면 한층 더 '응원받기' 위해서 필요한 것을 생각해 보기로 할까요?

지금까지 아이디어 전달 방법을 어떻게 할 것인지 말씀드렸는데, 응원을 받는다는 것은 아이디어와 무관한 부분에서도 이루어집니다. 예를 들면, "아이디어는 아무래도 상관없다. 네가 하고 싶다면 전면적으로 응원한다"라는 종류의 것입니다. 실제로 이런 말을 들어본 적이 있는 분은 많지 않을 수도 있겠지만, 현실에는 있을 수 있는 일입니다.

지금까지 아이디어에 관한 얘기를 해왔는데, 다소 직접적인 말입니다만 이왕이면 응원받는 편이 좋은 게 당연합니다. 그렇다면 응원받기 위한 관계를 만들기 위해서는 어떻게 하면 좋을까요?

단순히 성격이 좋다, 붙임성이 있다, 용모가 좋다가 아닌, '응원받는 관계'가 되기 위한 기술이 있다는 관점을 가지고 생각해 보면 좋겠습니다.

응원받기 위한 관계 만들기 기술 1.
목적과 이유가 명확

어떤 목적을 가지고 있는지 잘 전달되어야 응원받기도 쉽고, 동료를 모으기도 쉬워집니다. 다만, 목적에 대해서는 무엇을 위한 것인지 이유도 포함되는 것이 중요합니다.

옛날이야기에 등장하는 모모타로桃太郎(일본 전설의 대중적 영웅-옮긴이)는 귀신을 잡겠다며 원숭이와 개, 꿩 등의 동료를 모아 귀신 퇴치를 위해 길을 나섭니다. 그런데 저는 어린 시절 이 이야기를 들으면서 "왜 귀신을 잡으러 가는 걸까?" 하고 의문을 가졌습니다. 귀신의 존재가 인간의 생활을 위협했던 것은 맞지만, 귀신들이 왜 그런 일을 하는지는 몰랐으니까요. 퇴치해야만 하는 이유가 뭘까, 퇴치하면 뭐가 달라질까를 잘 알 수 없었으므로 저는 모모타로 이야기에 공감이 가지 않았습니다.

한편, 만화 〈닥터 스톤〉의 메인 주인공 이시가미 센쿠에 대해서는 응원하고 싶다는 마음이 생깁니다. 참고로 〈닥터 스톤〉은 인류가 석화한 수천 년 후의 세계에서 천재 고등학생 이시카미 센쿠가 과학의 힘으로 문명을 부활시켜 나가는 줄거리의 이야기입니다. 그를 응원하고 싶은 이유를 생각해 보니 응원하고 싶어지는 세 가지 요소가 주인공의 '목표' 안에 포함되어 있었습니다.

첫째, 그 미래에 설렐 수 있는가?

인류가 석화해 버린 약 3,700년 후의 세계에 절망하기보다 인류가 소멸한 세계에서 자력으로 문명을 재건하여 모든 사람을 되살려 간다고 하는 장대하고 에너지 넘치는 비전을 지니고 있다는 점.

둘째, 그것은 그 사람이나 조직만이 할 수 있는 일

소년이면서 천재적인 '과학도'인 그의 안에 있는 방대한 지식과 그것을 실현하는 끈기와 신념이 느껴진다는 점.

셋째, 목표 달성을 위한 지름길이 희미하지만 보인다는 점

석화가 풀린 동료들의 협조, 그리고 인류가 석화해 버렸을 때 우주에 나가 있어서 석화를 피한 아버지와 동료 우주비행사 후예들의 도움으로 '과학 왕국'은 꿈같은 얘기가 아니며, 그 실현을 위해 움직이기 시작했다는 점.

이것은 기업도 마찬가지입니다. 구글은 2004년에 주식을 공개하면서 '구글의 사명은 전 세계의 정보를 정리하여 전 세계 사람들이 접속하고 사용할 수 있도록 하는 것입니다'라는 비전을 내걸었습니다.

미래에 대해 설렐 수 있는 이런 비전과 더불어, 공동 창업자인 래리 페이지Larry Page와 세르게이 브린Sergey Brin이 스탠퍼드대학교에서 박사 과정을 밟고 있었을 때, 페이지랭크PageRank라는 기술로 혁신적인 검색 엔진을 만들어 냈다고 하는 점은 그들이 아니고선 할 수 없는 일이었습니다.

그리고 '전 세계의 정보'를 웹사이트에 한정하지 않고, 논문, 지도, 화상, 위치정보 등 온갖 것으로 확산하여 그들이 실현하고자 한 미래가 어렴풋이나마 보이기 시작했습니다. 그런 점에서 구글에 대해서 '응원하고 싶다'라는 마음을 가지고 있습니다.

또 소니가 2019년에 정한 '크리에이티브와 테크놀로지의 힘으로 세계를 감동으로 채운다'라는 목표에 대해서도 마찬가지로 '응원하고 싶다'라는 마음이 듭니다. 이 경우도 마찬가지로 미래에 설렌다는 점뿐 아니라, 그들이 아니면 하지 못하는 일이 있으며, 그 실현을 위해 움직이기 시작했고 가능할 것 같다고 느끼게 해준다는 세 가지 요소를 모두 충족하고 있습니다.

응원받기 위한 관계 만들기 기술 2.
주인공으로서의 힘이 있는가?

또 하나는 '주인공으로서의 힘'이라는 굳이 색다른 정의를 해 보았습니다.

앞서 만화 〈닥터 스톤〉의 이시카미 센쿠라는 주인공의 예를 들었습니다만, 이 밖에도 〈원피스〉의 루피, 〈슬램덩크〉의 강백호, 〈드래곤볼〉의 손오공 등 독자나 시청자가 '작품'을 보고 있을 때 무심코 응원하게 되는 주인공에게는 공통하는 '주인공으로서의 힘'이라는 게 있습니다. '주인공으로서의 힘'은 이하의 여섯 가지 요소로 분해할 수 있습니다.

① **몰입력: 누군가 응원해 주지 않아도 자기가 하고 싶은 대로 함**

목적을 위해서 압도적인 에너지로 열중하는 것. 그리고 응원받고 싶어서 하는 게 아니라, 응원을 받든 못 받든 좋아서 하는 것. 보는 사람마저도 '함께 하고 싶다'라고 생각하게 만드는 힘.

② I가 아니라 We: 이타적인 마음이 기본적으로 깔려있을 것

본인 자신을 위해서 한다는 생각을 못 하도록 함. 누군가를 위해서 미래를 위해서 행동함.

③ 속도감이 있음

생각만 하는 게 아니라 속도감 있게 실행해 나감. 보는 사람 자신도 직접 하고는 싶지만, 자신이 할 수 있는 일에는 한계가 있으므로 속도감 있게 행동하는 사람을 응원하고 싶다고 생각함.

④ 성장력이 있음

놀라울 정도의 성장력을 지켜보다 보면 그 잠재력을 기대하게 됨.

⑤ 배경 이야기가 있음

공감할 만한 점이 그 주인공의 배경에 있음. 이해하기 쉬운 예로 디즈니 영화의 주인공에게서 많이 볼 수 있는 약자였던 주인공의 성공 스토리 등. 이 사업을 해야만 하는 동기와 연결되는 스토리라면 강력함.

⑥ 모두가 알고 있음

작품 속 주인공이므로 모두가 알고 있지만, 실제로는 전달하지 않으면 아무도 알지 못함. "알았으면 응원했을 텐데!"

라는 말을 듣는 것은 안타까운 일이므로, 알았으면 하는 사람에게 알리는 노력이 필요함.

이 주인공으로서의 힘은 '응원하고 싶은 기업'이나 비즈니스에서 '응원받는 사람'에게도 공통하는 부분이 있습니다. 앞서 예로 든 구글이나 소니에도 이 여섯 가지 요소가 있다고 생각합니다.

응원받기 위한 관계 만들기 기술 3.
취약성

저는 대학원에서 정보조직론, 네트워크론, 커뮤니티론을 전문으로 하는 가네코 이쿠요金子郁容 씨와 미국 연구, 문화 정책론, 민간외교, 문화인류학을 전문으로 하는 와타나베 야스시渡辺靖 씨 밑에서 커뮤니티를 어떻게 형성하여 사회문제 해결을 꾀할 것인지를 배웠습니다.

가네코 씨는 자원봉사라는 개념을 넓힌 분으로,《자원봉사, 또 하나의 정보사회ボランティア: もうひとつの情報社会》라는 책을 저술하기도 했습니다.

그 책 안에서 제 기억에 강렬하게 남아 있는 것이 다음 문장입니다.

"누군가는 행렬의 선두에 서야 한다." 이 말은 자원봉사 활동가 모튼 베버Morton Weber 씨의 말입니다.

가네코 씨는 이 말을 다음과 같이 풀었습니다. "자원봉사자가 선택하는 이 '허약함', '남으로부터 공격받기 쉬움' 또는 '상처받기 쉬움'과 같은 상태를 적절하게 표현하는 '취약한vulnerable(명사형은 vulnerability)'이라는 영어 단어가 있다."

이 개념은 자원봉사의 문맥을 넘어 복지 분야에서도 널리 사용되고 있으며 용기, 마음 약함, 창피함 등의 연구를 진행하고 있는 브레네 브라운Brené Brown의 TED 강연 'The Power of Vulnerability'를 통해서도 널리 알려지게 되었습니다.

모튼 씨의 말로 되돌아가 보겠습니다. 누군가가 자원봉사를 시작한다는 것, 그것은 행렬의 선두에 서는 것입니다. 행렬의 선두는 아무래도 많은 사람에게 주목받게 되지요. 눈에 띄기 때문에 비판이나 중상모략의 대상이 되기도 합니다. 그것은 매우 취약한 상황이라고 할 수 있습니다. 하지만 그렇기에 주변 사람들은 그 존재를 알아차릴 수 있습니다. 그리고 협력하려 할 가능성이 생깁니다. 자원봉사뿐만 아니라, 비즈니스나 어떠한 활동에서든 '응원받기' 위해서는 마찬가지입니다. 안전권 안에서 아무리 멋진 기획을 말해도 이해는 하지만 응원하고 싶다는 마음이 싹트지는 않을 듯합니다. 취약한 상태에 자신을 두고 목적을 위해 전진하는 모습을 드러내는 것도 필요합니다.

업계 1위 기업보다도 뒤를 쫓는 2위 이하의 기업이 '응원받는' 대상이 되는 일이 많습니다. 그것은 업계 톱을 자랑하는 기업이 업계나 사회를 더욱 좋게 하는 '행렬의 선두'에 서 있는 것으로는 보이지 않고, 자신이 점유한 것을 지키는 일에만 기를 쓰거나 소비자를 위한 변혁에 제동을 거는 것처럼 '보이는' 것도 요인 중 하나입니다.

회사의 조직에서도 마찬가지입니다. 사장이나 경영진이 사내를 비롯한 스테이크홀더로부터 비판받아 '응원받지 못하고 있는' 상태에 있는 경우가 꽤 있습니다. 실질적으로 자기 자신을 최우선으로 지키려는 것이라면 별 방법이 없지만, 그렇지 않다면 취약한 상태에 몸을 두고 모든 결단을 내리고 있음을 전달해 나감으로써 더욱 응원받는 상황을 만들어 갈 수 있습니다.

아이디어를 창출하고 추진해 가는 당사자가 행렬의 선두에 서 있음을, 그리고 모두의 미래를 함께 생각하는 당사자 의식을 지니고 있음을 전달한다면 아이디어에 대한 평가도 달라질 것입니다.

응원받기 위한 관계 만들기 기술 4.
공감과 상상을 불러일으키는 말을 사용하기

1960년경의 이야기입니다. 미국은 '세계 제일의 과학과 기술이 진화한 국가여야 한다'라고 표명했지만, 실체를 좀처럼 잡지는 못했습니다. 그런데 1962년 9월 12일, 존 F. 케네디John F. Kennedy가 연설을 통해 "We choose to go to the Moon(우리는 달에 가기로 했다)"이라고 선언합니다. 그때부터 미국의 과학기술은 극적으로 진화했다고 말해집니다.

비슷한 예가 일본에도 있습니다. 소니가 트랜지스터라디오를 개발했을 때 경영자가 기술자들에게 한 말은 "세계에서 가장 작은 라디오를 만들어라"가 아닌, "주머니에 쏙 들어갈 만한 라디오를 만들어라"였습니다.

이 두 사례를 통해서 알 수 있는 점은 똑같은 미래에 대한 비전의 표명이라고 해도 '어떻게 말하느냐'에 따라서 다른 작용을 한다는 사실입니다. 위 두 사례의 공통점은 **'범용적'인 말을 피하고 '구체적'인 말을 사용했다는 점입니다.** '세계 제일의', '새로운', '아직 보지 못한', '지금까지 없었던' 등 무심코 사용하는 편리한 말은 어떤 것에도 적용되는 '범용적'인 것입니다. 그러나 그것은 비전을 말할 때 사용하면 별 기능을 하지 않는다는 뜻이기도 합니다. 범용적인 말은 모든 것을 나타내고 있는 말입니다.

말은 '올바르게 표현하여 전달하기'보다 '어떻게 전달될지'를 의식하는 것이 중요합니다. **말을 받아들이는 사람이 상상력을 키워 미래에 대해서 두근두근 설렐 수 있을지 아닐지는 '구체적인 말'이냐 아니냐에 달렸습니다.**

▎ 상대방의 상상력을 어떻게 부채질할 것인가?

추상적이고 범용적인 말보다 구체적인 말이 갖는 힘이 더 큰 경우가 있다는 사실은 단가短歌와 같은 정형시를 통해서도 배울 수 있습니다.

예를 들어 다음과 같은 단가는 어떨까요?

"역 앞의 장난감 가게가 문을 닫아서 우리 마을은 보조개를 잃어버렸다." – 마쓰이 다에코松井多絵子

저는 이 한정된 문자의 정보에서 다음과 같은 상상을 불러일

으킬 수 있습니다.

"급행열차도 쾌속 열차도 서지 않는 자그마한 역. 역 앞에 길게 늘어선 상점가. 전국 어디에나 있을 법한 어느 역 앞의 유일했던 장난감 가게가 문을 닫았다. 인터넷 쇼핑도 할 수 있고 대형점포도 있으므로 별 아쉬움이 없었던 사람이라도 막상 문을 닫았다는 사실을 알면 왠지 쓸쓸한 기분이 들게 마련이다. 마치 그 마을의 중요한 매력 포인트가 사라져 버린 듯한 쓸쓸한 기분이 북받쳐 오를 것이다."

장난감 가게를 '우리 마을의 보조개'라고 표현함으로써 왜 이런 기분이 드는지 윤곽을 그려내고 있습니다.

언어화는 무심코 논리적인 것만을 중요시하기 쉽지만, 상대방의 상상력을 어떻게 자극하느냐에 따라 전달되는 '심도'가 달라집니다. 그런 의미에서도 어떤 구체적인 예를 가지고 올 것인가 하는 것과 수사학修辭學이나 일본어 표현에도 온 힘을 기울이면 그 비전이나 아이디어에 대해서 좀 더 강력한 공감을 얻을 수 있으며 협조하고 싶어지는 마음을 더 강하게 만들 수 있다고 생각합니다.

문체 연습

이번에는 책 소개를 하고 싶습니다. 제게는 매우 중요한 한 권의 책으로, 가장 영향을 받은 책을 들라면 이 책을 꼽고 싶을 정도입니다. 레몽 크노Raymond Queneau라는 프랑스 작가의 《문체 연습》이라는 책입니다. 레몽 크노의 책이라면 영화화된 《지하철 소녀 쟈지》가 더 유명할지도 모르겠습니다.

《문체 연습》의 줄거리는 매우 단순합니다. 주인공이 버스를 탔을 때, 기묘한 모자를 쓴 목이 긴 남자가 다른 승객과 말다툼을 벌이는 모습을 목격합니다. 그리고 2시간 후 한 광장에서 그 남자를 다시 보게 되는데 이번에는 "외투에 단추를 하나 더 달아야 한다"라며 복장에 대한 충고를 받는 상황에 마주치게 됩니다. 이처럼 별것 아닌 사건이 스토리로서 그려지고 있습니다. 하지만 《문체 연습》이라는 제목에서도 짐작할 수 있듯이 이 아무래도 좋은 사건을 놀랍게도 99가지나 되는 표현으로 그리고 있다는 점이 특징입니다.

두 번째는 굳이 장황하게 쓰고, 세 번째는 4줄로 구성하고, 네 번째는 은유적인 표현만으로 쓰고, 다섯 번째는 사건의 순서를 반대로 해서 반전법으로 쓰는 식으로, 잇달아 문체를 바꿔 보는 것입니다. 이렇게 해서 아흔아홉 번째에는, 다섯 명의 사람이 카페에서 잡담을 나누다가 그중 한 사람이 "참, 아까 버스 안에서~~"라며 대화 도중 자연스럽게 그 사건을 이야기 소재로 삼습니다. 그리고 부록으로서 해학적인 한 구절의 표현이 제시되면서 《문체 연습》 전체가 끝나는 식으로 구성되어 있습니다.

이 책에 대해서 마쓰오카 세이고松岡正剛 씨는 《센야센사쓰千夜千冊》에서 "편집 훈련의 근원이다. 편집공학을 위한 연습 바이블이다"라고 극찬하기도 했습니다. 저는 이 책을 아이디어 구상 시 중요한 '복안 사고'를 단련하는 데 도움이 되는 책이라고 생각합니다. 두 번째 장에서 문제를 어떻게 발견해 갈 것이냐는 설명을 할 때 언급한 '복안적 관찰'과도 공통하는 사고방식입니다. 복안 사고란 하나의 관점에 얽매이지 않고 복수의 관점에서 사물을 다시 보는 것, 다면적인 사고와 다각적인 사고라고도 바꿔 말할 수 있습니다. 다면적으로 관점을 자유롭게 움직이면서 생각하는 것이야말로 많은 아이디어를 내기 위한 핵심입니다. 그래서 저는 《문체 연습》을 읽는 것으로만 끝내지 않고, 그 '후속을 써봄'으로써 아이디어 발상력을 단련하고 있습니다. 즉, 《문체 연습》의 백 번째부터 한층 새로운 문체로 직접 써보는 것입니다. 이하에 그 내용을 소개해 보겠습니다.

그 전에 먼저 원문을 소개하겠습니다.

> S 계통의 버스 안, 붐비는 시간. 중절모를 쓴 스물여섯 살 정도로 보이는 남자. 모자에는 리본 대신에 땋아 놓은 끈이 감겨 있다. 마치 늘려 놓은 것처럼 목이 가늘고 길다. 승객이 타고 내린다. 그

남자는 옆에 서 있는 승객에게 화를 낸다. 누군가가 옆을 지날 때마다 거칠게 떠민다며 나무랐다. 신랄한 목소리를 내려고 하지만 비통한 어조. 빈자리가 보이자 서둘러 앉으러 간다.

2시간 후, 생라자르역 앞 로마광장에서 다시 그 남자와 마주쳤다. 일행으로 보이는 남자가 그에게 "자네 코트에는 단추를 하나 더 다는 게 좋겠어" 하고 말하고는 단추를 달 위치(앞섶이 벌어진 부분)를 가리키며 그 이유를 설명한다.

이를 토대로 다양한 문체와 관점에서 써나갑니다. 조금 부끄럽기는 하지만 제가 해봤던 문체 연습을 공개하니 쓱 한 번 읽어 주세요.

① 불평 많은 운전사

목요일은 싫다. S 계통을 담당해야 해서. S 계통은 특히나 혼잡하다. 길은 물론 버스 안도. 혼잡한 버스는 싫다. 액셀을 밟아도 노인이 자리에서 일어설 때와 같은 느낌으로밖에 차가 나가지 않는다. '으랏차' 하는 그런 느낌이다. '으랏차, 으랏차', 의도치 않게 급발진을 하게 된다. 혼잡한 차 안의 사람들이 앞뒤로 흔들린다. 아마도 승차감은 꽝이겠지. 정류소 T에서 정류소 U까지였으니 오전 11시 13분경이었을 것이다. 젊은 남자가 갑자기 화를 내기 시작했다. 함께 탄 승객에게 불평하고 있다. 그 목소리는 매우 약했으므로 큰 소동이 일어나지는 않겠지 싶었지만, 내 마음속은 평온하지 못하다. 이런 다툼은 결과적으로 운전이 거친 탓이라며 내게 불똥이 튀는 일이 많다. 나는 그 젊은 승객이 내릴 때까지 가능한 한 조심스럽게 운전했다. 그리고 귀는 뒤쪽 승객에게 집중하면서.

Z역에서 그 남자가 내렸다. 종점이다. 내리는 모습을 보니 목이 길고 독특한 중절모를 쓰고 있었다.

왠지 나는 몹시 지쳐서 오후 근무를 바꿔 달라고 부탁하고 집으로 돌아가 쉬기로 했다.

② 버스 손잡이의 관점에서

잡아당겨지는 것에는 이미 익숙하다. 체중을 실어 오는 것도, 행패를 당하는 것도 이미 익숙하다. 매일 똑같은 일의 반복이다. 변화가 없는 매일 그것이 나의 전부라고 생각했다. 이런 내게도 감정은 있다. 뭐 사실을 말하면 없지만, 나는 있다고 생각한다. 싫어하는 사람도 있고, 좋아하는 사람도 있다. 동료와는 항상 같은 거리를 유지한 채 떨어져 있어서 인간들과 더 친한 느낌이다. 그러므로 내게는 감정이 있는 것이다.

혼잡한 시간이었다. 내가 싫어하는 타입의 남자가 나를 잡고 있다. 잡고 있다고 해봐야 새끼손가락 하나를 걸치고 있는 정도, 버스가 흔들릴 때마다 승객의 손이 내게서 떨어져 나간다. 꽉 잡아 주면 좋을 텐데 대충 걸쳐 놓는 게 싫다. 나의 존재의의와 관련이 있으니까. 옆에는 중절모를 쓴 목이 긴 남자가 있다. 그는 동료 손잡이를 꽉 쥐고 있었다. '그가 내게로 오면 좋을 텐데' 하고 쭉 생각했다. 또 버스가 흔들렸다. 그리고 또 나를 잡은 남자의 새끼손가락이 내게서 벗어난다. 남자의 몸이 흔들리고 중절모를 쓴 그의 몸을 누른다. 불쾌하겠다고 생각하는 찰나 역시나 중절모를 쓴 남자가 화를 냈다. 어쩔 수 없다, 나 역시 같은 상황이었다면 화가 났을 것이다. 그래서 가엾다고 생각했다. 약하고 분노에 익숙하지 않은지 훌쩍거리는 말투가 더욱 가엾게 느껴졌다. 중절모를 쓴 남자는 자리가 비자 재빠르게 그 자리에 앉았다. 그 후 그를 보지 못했다. 여전히 예쁘게 세 겹으로 땋아진 그의 중절모 끈을 떠올린다. 그는 잘 지내고 있을까?

어떤가요? 여러분도 써보고 싶다는 생각이 들었다면 기쁠 것 같습니다. 제가 쓴 문체 연습의 퀄리티는 제쳐 두고, 어쨌거나 《문체 연습》은 아이디어를 내는 데도 도움이 되며, 편집하는 사람에게도 도움이 되는 책으로 반드시 읽어야 할 책이라고 생각합니다. 현재 두 가지 버전의 번역본이 나와 있는데, 두 개 모두 멋진 내용입니다. 저는 오래전에 출간된 책이 좋습니다만, 번역도 하나의 문체 연습이라고 생각하면 비교하면서 읽어도 좋을 것 같습니다.

7장

계속 성장하기 위한 아이디어

소비되는 속도에 대항하기 위해

　　SNS의 확산으로 정보의 유통은 가히 '폭발적'이라고 할 수 있을 정도가 되었습니다. 그와 더불어 '소비'의 형태 자체도 크게 변화했습니다.

　　저에게 아이디어로 탄생한 상품을 어떻게 팔면 좋을까 하는 상담이 많이 들어옵니다. 그중에서 최근 들어 많아진 상담이 신상품 매출을 "어떻게 수직 상승시킬 것인가?"라는 것입니다. 하지만 그것만으로 정말로 괜찮을까요? 수직적으로 상승해도 순식간에 소비되어 바로 '낡은 것', '과거의 것'이 되어 버리는 일이 있습니다. 한때 화제가 되었다가도 순식간에 소비자로부터 버려지는 경우도 많이 볼 수 있습니다. 정보가 소비되는 속도가 빨라지는 가운데 저는 **'소비되지 않는 소비를 만들 수 있을까?' 하는 의문을 가지고 있습니다.** 애정과 에너지를 쏟아 창출한 상품이나 서비스가 일주일 만에 다 소비되어 버려도 괜찮을까요? 생산 활동이 결과적으로 '쓰레기'를 낳고 있다면 세상 전체적으로도 슬픈 일이 아닐 수 없습니다. 바로 소비되지 않고 '계속 성장하는' 브랜드나 상품, 서비스를 생산해 내려면 기업이나 조직의 소비에 대한 '태도'가 중요합니다.

이번 장에서는 이 점을 생각해 보고자 합니다.

마더하우스의
사례

첫 번째 장 서두에서도 언급했지만, 가방과 장신구 그리고 의
류까지 전개하는 마더하우스라는 기업이 있습니다. 2006년에
창업한 이 기업은 '물건 만들기'를 통해 '개발도상국'의 가능성
을 전 세계에 발신하는 것을 목표로 삼고 있습니다.

현재 대표이사 부사장인 야마자키 다이스케 씨와는 대학 시
절 같은 연구수업을 들었던 적도 있고, 2006년 창업 당시부터
함께 하면서 기업의 중심이 되는 말(미션)을 만들기도 했습니
다. 그 말이 브랜드가 커가는 핵심에 있었다고 생각합니다. 그
말은 바로 '**개발도상국에서 세계적으로 통용되는 브랜드를 만
든다**'라는 것입니다. 당시 사장인 야마구치 에리코 씨는 공정무
역 등 개발도상국이 자체적으로 제품을 생산해서 자립을 장려
하는 구조가 있기는 하지만, 그것이 정말로 그들을 위한 것일까

하는 의문을 품고 있었습니다.

예를 들어, 공정무역 작물을 재배하여 수출하는 일이 있을 때 3년간은 같은 가격으로 매입한다는 '계약'을 농가와 하는데, 그것은 농가 사람들이 중기적인 안정적 수입을 전망할 수 있어 생활 계획을 짤 수 있으므로 자립을 향해 나아갈 수 있다고 하는 생각에서 도입된 것입니다. 그런데 막상 뚜껑을 열어 보니 작물의 품질이 해가 지날수록 나빠져서 공정무역 3년 계약이 끝난 4년째에는 도저히 시장에 내놓을 수 없을 정도로 품질이 나쁜 경우가 꽤 있다고 합니다. 이는 인간의 응석과 같은 것을 바탕으로 한 문제이기도 하며, 선진국과 개발도상국이라는 관계에 기인하는 문제라고도 할 수 있습니다.

공정무역이라는 라벨이 붙여진 커피 원두가 선진국에서는 잘 팔립니다. 일반적인 커피 원두보다 100~200엔(약 900~1,800원) 정도 비쌈에도 팔리고 있습니다. 더욱이 다른 상품보다 맛이 떨어지는 것이어도 잘 팔립니다. 이 시스템을 지탱하는 것은 '선의'입니다. 개발도상국의 불우한 사람들을 조금이라도 원조할 수 있었으면 하는 마음이 담긴 것으로, '보통의 감각'이라면 선택하지 않을 소비 행동이 일어나고 있는 것입니다. **이 선의에 의해 지탱되고 있는 구매 행동이 사회를 정말로 좋게 하고 있을까 하는 의문**이 마더하우스에는 있었습니다.

자립 지원이라는 형태로 이루어지고 있는 공정무역의 공정이란 무엇인가, 진정한 공정이란 다른 데 있는 게 아닐까 하고 생각하면서 '좋은 것', '정말로 원하는 것'이 아니면 사지 않는다는 장르로 승부를 보는 게 진정한 공정무역이 아닐까 하고 생각했습니다. 그것이 패션이라는 카테고리였습니다. 아무리 이념에 대한 공감이나 활동에 대한 찬동이 있었다고 해도 몸에 걸쳐서 부끄럽거나 진심으로 좋다고 생각되지 않으면 구매하지 않습니다. 구매해도 입지 않으면 결국 쓰레기를 생산한 것에 지나지 않기 때문입니다. 그런 의미에서 패션으로 승부를 보는 것은 '개발도상국과 선진국의 관계'로서도 공정하다고 생각했습니다.

하지만 그것은 가시밭길이기도 했습니다. 왜냐하면 당시 전 세계의 패션 브랜드를 몇 가지나 떠올려 봤지만 '개발도상국에서 출발한' 브랜드가 하나도 없었기 때문입니다. 어떤 말을 브랜드의 축으로 둘 것이냐를 생각하니 망설여졌습니다. 사회적 가치를 실천하는 기업이나 단체는 숭고하지만, 독불장군이 되기 쉽습니다. 그래서 소비자에게 어떤 편익이 있을지 써보거나 이 기업의 활동으로 어떤 사회가 탄생할지를 써봤습니다. 그러나 어떤 말도 확 와닿지 않았습니다. 그래서 처음 야마구치 에리코 씨를 만났을 때 그녀에게게서 들은 얘기에 제 마음이 움직여 반드시 이 브랜드를 성공시키고 싶다고 생각하게 된 근본을 직접적으로 표현하기로 했습니다.

그렇게 해서 큰 도전으로 '개발도상국에서 세계적으로 통용되는 브랜드를 만든다'를 기업의 목표로 두게 되었습니다. 그만한 열의도 있었고, 게다가 미래에 대한 해상도도 높았으므로 마더하우스는 응원을 받으며 동료를 모을 수 있었습니다.

'본인과는 관계없다고 하는 사람도 그런 시도가 세상에 있다는 사실에 찬동하고, 요청하면 그 미래의 실현을 위해 돕고 싶다는 마음을 갖게 된다'를 실현했다고 생각합니다. 이 말을 만들 때 한 가지 중요하게 생각했던 점이 있습니다. 그것은 바로 **'유통 기한'을 한없이 길게 하려면 어떻게 할 것인가** 하는 문제입니다. 그 생각을 토대로 만든 것이 **'질문이 내포되어 있다'**라는 것입니다. 미션과 대조하면서 그때그때 '가설'을 가지고 실증할 수 있는 원점을 만들 수 있다는 말입니다.

개발도상국에서 세계적으로 통용되는 브랜드를 만든다.
– 마더하우스

'약속'인 목표가 현시점의 문제에서 명확할 것(전 세계의 패션 브랜드를 찾아보니 개발도상국에서 출발한 브랜드가 하나도 없다). '통용된다'라는 말에 '정도'가 포함되어 있어 처음에는 선진국 브랜드와 비교해도 손색없는 수준으로. 현재는 개발도상국 제품이라는 사실을 몰라도 사고 싶어지는 브랜드로. 그래서 창업한 지 20년 가까이 지난 지금도 쭉 기업의 핵심을 나타내는 말로 삼을 수 있었다고 생각합니다.

개인의 생각에서 확산한
퀘스트로 활동

또 하나 사례를 소개하겠습니다.

제가 개인적인 생각으로 만든 퀘스트로QUESTRO라는 팀이 있습니다. 어린이 대상의 영상을 만드는 팀으로 영상감독과 음악 프로듀서, 애니메이터, 영상 프로듀서 등이 회사나 조직을 뛰어넘어 이어져 있습니다. 현재는 〈시나푸슈〉라는 TV도쿄 계열의 프로그램에 콘텐츠를 제공하고 있습니다.

이 팀을 만든 애초의 계기는 막연한 문제의식에서였습니다. 스마트폰의 보급으로 모두가 '제작자'가 될 수 있으며, 누구나가 간단히 정보를 발신할 수 있는 시대가 되었습니다. 촬영도 편집도 더는 특별한 일이 아닌 게 되었습니다. 직접 영상을 제작하고 발신하여 그것으로 생계를 꾸려 가는 유튜버도 증가하고 있으며 초중고생의 장래 희망 순위에 들어갈 만큼 화제가 되기도 했습니다.

그러나 영상 제작자이기도 한 저로서는 조금 걱정되는 부분이 있었습니다. 그래서 어떤 동영상 채널이 인기가 있고, 또 사람들이 어떤 동영상을 즐겨 보는지를 당시 새삼 다시 살펴봤습니다. 2017년 당시의 동영상 재생 수 순위를 보면 상위 20위 중 3분의 1이 미취학 아동을 대상으로 한 채널이었습니다. 물론 그 자체에 대해서는 '그렇구나' 하는 정도의 생각도 있었습니다. 하지만 '온통 비슷비슷한 동영상뿐이구나' 하는 생각도 했습니다. 0~1세 정도를 대상으로 하는 영상은 오로지 '까꿍! 하며 노는' 것으로, 모든 영상이 하나같이 비슷했습니다. 그중에는 좋은 퀄리티로 제작자가 궁리하여 만든 동영상도 있었지만, '품질이 낮은 동영상'이 양산되어 감수성이 예민하고 감정이 풍부한 유아기에 계속 노출되고 있다고 생각하지 않을 수 없는 상황이기도 했습니다. 이는 촬영이나 편집의 문제라기보다 '기획'이나 '목적'이 없다는 게 문제라고 파악했습니다. 단지 구독 수가 많은 동영상을 모방하여 많은 사람이 비슷한 기획물을 복사해서 대량 생산해 내고 있는 것이 문제라고 말입니다.

영상 일을 하는 전문가로서 이런 현상에 대해 뭔가 할 수 있는 일이 있지 않을까 하는 문제의식이 생겼습니다. NHK 교육 텔레비전이 크리에이터의 손에 의해 품질이 높아졌고, 어린이에게 텔레비전의 가치를 다시 높였던 것처럼 인터넷을 통해 배포되는 동영상도 크리에이터의 손으로 가치 있는 것으로 만들어야 한다고 생각했습니다. 아이를 키우는 부모에게 물어보니 "되도록 보여주고 싶지 않다"라는 의견이 많았습니다.

> "아이가 멍하니 입을 벌린 채 보고 있어서 좋지 않다는 생각이 듭니다."
>
> "음식을 만들거나 할 때 얌전히 있었으면 해서 무심코 스마트폰을 보여주게 돼요."
>
> "사실 보여주고 싶지 않지만, TV보다 재미있는지 계속 보고 있어서요."
>
> "지하철을 탈 때나 외식할 때 동영상을 보여주면 얌전히 있어서 그만."

이같은 의견이 대다수였습니다. 이왕이면 '보여주고 싶지 않은' 콘텐츠인데, 시청 수가 폭발적으로 늘어나고 있는 현상. 외출했을 때 아이가 떼를 쓰거나 해서, 식사 준비를 하거나 청소할 때 아이가 얌전히 있어 줬으면 해서, 피곤해서 아이를 상대할 수 없어서 등의 이유로 좋지 않다고 생각하면서도 어쩔 수 없이 보여주고 있다는 왜곡된 현상에 주목하여 퀘스트로 활동을 시작하게 되었습니다.

아이의 '보고 싶다'와 부모의 '보여줘도 괜찮다'는 겹칠 수 있습니다. 유아학이나 유아 발달학의 관점에서 콘텐츠를 제작하는 등 좋은 방법을 생각하고 궁리하면 부모가 아이에게 보여줬을 때의 '죄책감'을 줄일 수 있습니다. 유아교육의 중요성에 점점 더 관심이 쏠려 다양한 학교와 교육 서비스도 생겨나고 있는 지금이니 정말로 가치 있는 콘텐츠를 만들고 싶다고 생각했습니다.

퀘스트로라는 이름은 Quest(탐구)와 Maestro(거장)를 조합한 것으로, 아이들의 탐구심에 경의를 가지고 그들과 함께 탐구할 수 있는 콘텐츠를 만들고 싶었습니다. 팀 구성원 중에 유아교육의 전문가는 없습니다. 하지만 반응을 알 수 없는 유아에 대해서 '가설을 세우고 콘텐츠를 만드는' 것이 퀘스트로다운 접근이라고 생각했습니다.

예를 들면, "질문: 일상에서 쓰일 만한 부모와 아이가 함께 하는 놀이를 만들 수 있을까?"

이러한 질문에서 탄생한 것이 '빵' 시리즈입니다. 아이들이 좋아하는 빵. 여러 가지 빵의 리듬에 맞춰 '빵' 하고 두드리는 것입니다. 빵이 3개 있으면 '빵빵빵' 하고 세 번 두드리고, 크림빵이 나오면 빵 대신에 함께 손뼉을 칩니다. 빵을 먹을 때 엄마와 아이가 함께 손뼉을 치는 커뮤니케이션이 탄생하면 좋겠다는 마음이었습니다. 이 동영상은 매우 평판이 좋았는데 평소 놀이에 반응하지 않는 아이가 반응을 보였다는 의견도 있었습니다. 그래서 기분이 좋았던 우리는 '동丼(덮밥)', '돈豚(돼지)', '차茶' 등의 시리즈로 점점 넓혀 갔습니다.

그림 40 | 엄마와 아이가 함께 하는 놀이 '빵' 시리즈

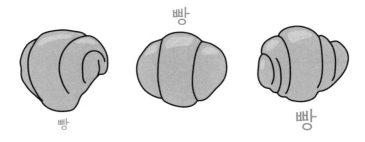

퀘스트로의 활동은 한 만남으로 인해 크게 확산했습니다. 좋은 아이디어에는 반드시 좋은 인사이트가 담겨 있다고 말하면서도 아기의 인사이트에 대해서는 아마추어인 우리로서는 알 수 없었습니다. 그래서 '아기가 발달해 가는 과정에서 필요불가결한 능력'을 과학적으로 연구하고 계신 도쿄대학교의 히라키 카즈오開一夫 교수님께 연락을 취했습니다. 그러자 바쁘신 가운데도 시간을 내어 우리의 활동에 관한 얘기를 들어주셨고, 제가 주장하는 '인사이트'와 같은 것이 아기에게도 있다고 알려 주셨습니다. 그래서 무턱대고 가설을 세우기보다 연구 결과에 근거하여 영상을 만들기로 했습니다. 그 토대가 된 것은 '물리 현상에서 '벗어난 일'이 발생했을 때 갓난아기들도 주의 깊게 바라본다'라는 점입니다.

그림 41과 같이, '무지개 스프링' 자체는 보고만 있어도 싫증 나지 않는 것입니다. 그와 더불어 촬영한 것을 도중에 역재생하거나 하면 중력이라는 물리 현상에서 동떨어진 것이 되고, 그러

그림 41 ┃ 아기도 관심을 기울여 쳐다보는 '무지개 스프링'

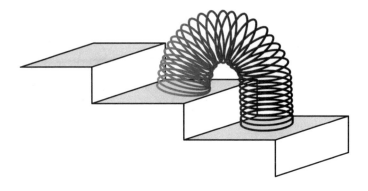

면 '이게 어떻게 된 일이지? 라는 궁금증이 생겨서 아기들의 주목도도 커지겠지'라는 생각으로 제작했습니다. '어, 이상한데!' 라는 생각에서 궁금증이 생긴 아기가 실제로 장난감을 가지고 놀 때 테이블 위의 장난감을 떨어뜨려 보는 등 물리적인 검증을 해보게 되지 않을까 하는 가설을 세워 영상을 만들었습니다.

쿼스트로는 이름에 걸맞게 '탐구의 달인'으로서 아마추어이면서 가설을 지닌다는 것에 대한 중요성을 추구하고 있습니다. 이처럼 가설을 지니고 있다는 정체성을 가지고 있기에 독창성 있는 작품을 계속 만들 수 있었지 않았나 싶습니다.

기능하는 질문을
비전에 끼워넣기

- 마더하우스의 '세계적으로 통용되는'이라는 것
- 퀘스트로의 '가설을 세워 탐구한다'라는 것

양쪽 모두 그때마다 변화하면서도 계속 기능하는 '질문'이 담겨 있습니다. 이처럼 계속 질문할 수 있는 주제를 가져야 경영이라는 측면에서도 그때마다 자신들이 어느 방향으로 향하고 있는지 재인식시켜 주기 위한 '피드백 제공자'가 된다고 생각합니다.

이처럼 기업이나 사업, 브랜드에 질문을 내포시키려면 어떻게 하면 좋을까요? 단순한 방법으로는 마더하우스의 예에서 살펴봤던 바와 같이 비전이나 목표에 대해서 **'정도를 나타내는 말을 넣는'** 것을 생각할 수 있습니다.

"가능한 한 빨리 ○○한 사회를 실현한다."

"한 사람도 빠짐없이 ○○한 상황에서 구해낸다."

"최고의 방법으로 ○○을 제공한다."

"원하는 사람 모두에게 ○○을 제공한다."

이같이 어떤 사회를 만들고 싶은가에 더하여 어떠한 '정도'인
지를 덧붙임으로써 기업이나 사업의 진전 상태에 따라 자신들
이 무엇을 해야 하는지를 생각할 때 되돌아갈 수 있는 원점이
생깁니다.

▎ 다른 각도에서 되묻기

기존의 비전을 활성화하기 위해 **'다른 각도에서 되묻는'** 것
도 효과적인 방법입니다. 예를 들어 '사람들의 행복을 만든다'
를 비전이나 미션, 목표로 내거는 기업이 많습니다. 행복은 매
우 중요한 개념이지만, 거기서부터 새로운 행동이나 아이디어
가 생기는지 생각해 보면 커다란 개념인 탓에 어려움이 있습
니다.

그래서 그 비전을 다른 방향에서 되물어 보는 것은 어떨까
싶습니다. 우리의 사업을 통해서 사회에 행복을 제공한다는 것
을 "우리 사업을 통해서 불행해지는 사람을 제로로 만든다"와
같이 고쳐서 말해 보는 것입니다. 그러면 어떨까요? 예를 들어,
자동차 회사의 경우라면 "교통사고를 없애기 위해서 할 수 있

는 일은 없을까?", "모빌리티라는 측면에서 여기에 내버려 둔 사람들이 있지는 않을까?" 등 자신들이 해야 할 일이 드러나기 시작합니다. 이것은 '내포된 질문'을 현재화懸在化하는 접근이라고 말할 수 있습니다.

자신들의 기업이나 사업, 그리고 서비스 등이 사회에서 **계속 기능할 수 있도록 하기 위해서는 계속 묻는 것을 어떻게 하면 구조화해 나갈 수 있을지**를 생각해야 합니다. 이처럼 기능하는 구조도 '계속 성장하기' 위한 아이디어라고 할 수 있습니다.

"왠지 좋아!"의 '왠지'를 소중히 하자

여행을 가서 여느 때와는 다른 장소를 걷고 있을 때 별거 아닌데 무심코 카메라에 담고 싶어지는 풍경이 있지 않나요?

- 모르는 사람과도 대화가 이루어질 것 같은 버스 정류장 벤치
- 그 앞에 뭐가 있을지, 두근두근 설레는 기분이 싹트는 오솔길
- 자연에 두고 온 것처럼 떠 있는 우체통

어디에나 있을 법한 풍경에도 사람은 끌리게 마련입니다. 지금은 어느 관광지든 여행을 나서기 전 인터넷으로 정보를 얻을 수 있으므로 여행을 떠나는 즐거움은 스스로 이런 무언가를 '발견하는' 데에 있을지도 모르겠습니다.

《작은 풍경에서의 배움小さな風景からの学び》에서는 앞서 예를 든 것 같은 일상적으로 존재하는 것이지만 사람을 매료시키거나 기분 좋게 느껴지는 장소(<살 수 있었던 장소('살 수 있었던 장소/살 수 있는 장소'라는 주제를 내건 우쓰노미야 미술관의 컬렉션 전시를 말함-옮긴이)>)의 사진이 게재되어 있습니다. 《작은 풍경에서의 배움》이라는 작품을 위해 촬영된 사진은 무려 1만 8천 장이나 된다고 합니다. 그리고 그 안에서 도출된 150가지 깨달음이 그려져 있습니다. 지금까지도 건축가가 장

소를 조사하고 유형화하여 키워드를 사용해서 분석하는 방법론 책은 많았습니다만, 이 책은 결론을 명확하게 제시하지 않는다는 점이 특징입니다.

이 책은 얼핏 하나하나가 아이디어를 창출하는 '도구'로까지는 승화되지는 못하고 '느슨해' 보이기는 하지만, 또 무조건 그렇다고 말하기도 애매합니다. 그 이유는 그런 목적으로 쓰인 책이 아니기 때문입니다. 오히려 엄밀하게 규칙화해 나갈 때 제외될 것 같은 것('○○한 느낌' 등)을 소중히 여기고 있습니다. 그래서인지 읽고 있으면 공감이 가면서 자신도 함께 즐거운 마음으로 발견하고 있는 듯한 신기한 감각에 빠집니다. 일본의 이름 모를 장소를 여행하는 느낌이 들 수도 있으므로 그런 의미에서도 추천하는 책입니다.

지금까지 좋아하는 것, 마음이 끌려 행동까지 하게 된 것을 재현할 수 있도록 '왜 좋다고 생각했는지?', '제작자는 무엇을 의도하고 만들었는지?'와 같은 것을 상상하면서 기획을 구조로 파악하고 '분해'해 보자고 말해왔습니다.

한편으로 언어화하기 어려운 '왠지 좋아!'라는 것도 소중히 여겼으면 합니다. 비즈니스에서 이 '왠지 좋아!'는 배제되기 쉽지만, 한 사람의 소비자라는 관점에서는 흔히 있는 의식입니다. 팀에서는 이 "왠지 좋아!"라는 발언을 허용하는 것이 중요합니다. 그 한 사람의 직감과 마주하여 왜 그렇게 생각했는지 팀원 모두가 함께 탐구해 가는 것이 그 아이디어의 밑바탕에 있는 인사이트 등을 발견해 가는 것으로 이어지기 때문입니다.

마치며

제가 소속한 'Que'라는 회사의 사명은 'Question'에서 유래합니다. 그것은 즉각적으로 내놓는 '답'보다도 한 번 잠깐 멈춰서 던져 보는 '질문'이야말로 중요하다는 것을 사고의 기둥으로 삼고 있기 때문입니다. 검색하거나 AI에게 질문하면 답이 나오는 시대에 우리가 무엇을 제공할 수 있을까를 생각한 끝에 도달한 기본적인 자세입니다. 다시 말해 상담이나 의뢰를 해주시는 분들의 질문에 바로 답을 제시하는 게 아니라, WHY로 되돌아가 질문을 던져 보는 일을 해 나가고 싶다는 의미입니다. 그것이야말로 정말로 지향해야 할 목표로 가는 지름길이라고 생각했기 때문입니다.

Que의 태그라인Tagline(광고나 마케팅에서 사용되는 짧은 문구로, 제품이나 서비스의 핵심 가치나 메시지를 간결하게 전달하는 역할을 함-옮긴이)으로는 'Asking the Right Questions'이라는 말을 내걸고 있습니다. '올바른 질문'이라는 이 말은 데카르트Descartes의 말에서도 비슷한 것을 찾아볼 수 있습니다.

모처럼의 기회다 싶어서 비슷한 의미의 말을 찾아봤더니 몇 가지 명언과 만날 수 있었습니다.

> "과학자는 올바른 답을 주는 사람이 아니라,
> 올바른 질문을 하는 사람입니다."
> – 클로드 레비스트로스Claude Lévi-Strauss

> "중요한 것은 질문을 멈추지 않는 것이다."
> – 알버트 아인슈타인Albert Einstein

> "가장 심각한 실수는 잘못된 대답의 결과로 발생하는 것이
> 아닙니다. 정말 위험한 것은 잘못된 질문을 하는 것입니다."
> – 피터 드러커Peter Drucker

모두 '올바른 정답'을 찾는 것에 기를 쓰기보다 먼저 '올바른 질문'을 하는 것이 중요하다고 지적하고 있습니다. 그리고 '올바른 질문'을 찾는 이유로서 또 하나의 다른 이유가 있습니다. 그것은 모두가 '즐겁게 풀고 싶어지는 힘'이 올바른 질문에는 있기 때문입니다. '올바른=성실한'이 아닙니다. 모두가 머리를 굴리며 목표를 향해 팀을 끌어들이고 이끌어 갈 수 있는 질문.

그것이야말로 '올바른 질문'이며 거기에는 팀의 동기부여에 이바지하는 힘이 있습니다. 이 책에서도 아이디어를 생각할 때

는 '올바른 질문'을 하는 게 중요하다고 생각하여 그 방법에 관해서 전달해 왔습니다. 하지만 아직 완벽한 것이라고는 생각하지 않습니다. 그렇기에 더 좋은 아이디어를 창출하는 방법에 다가가기 위해서는 '모두'의 힘이 필요합니다.

이 책을 토대로 독자 여러분과 더 좋은 방법을 찾아 정보를 교환하면서 '좋은 아이디어를 창출하는 방법'을 만들어 가는 동료가 될 수 있다면 이보다 더 행복할 수는 없을 것 같습니다.

이 책은 저 혼자서 만들어 낸 것이 아닙니다. 지금까지 제가 일을 통해 관계를 맺어 왔던 클라이언트, 선배, 동료, 수강생, 친구들에게 감사의 인사를 드립니다.

또한, 책에서도 언급했듯이 Que 멤버들의 사고방식도 많이 들어가 있습니다. 앞으로도 기능하는 말과 아이디어를 어떻게 생산해 나갈 것인지 함께 생각해 나가고자 합니다.

그리고 집필이 지지부진한 저를 따뜻하게 지켜봐 주시고, 적절히 이끌어 주신 편집자 다카노쿠라 도시카츠 씨에게 감사의 말씀을 전합니다.

참고문헌

- 가네코 이쿠요金子郁容, 《자원봉사, 또 하나의 정보사회ボランティア: もうひとつの情報社会》

- 귀스타브 르 봉Gustave Le Bon, 《군중심리》, 현대지성

- 기시 유키岸勇希, 《커뮤니케이션을 디자인하기 위한 책コミュニケーションをデザインするための本》

- 니컬슨 베이커Nicholson Baker, 《구두끈은 왜?》, 강

- 다와라 마치俵万智, 《당신과 읽는 사랑의 노래 100あなたと読む恋の歌百首》

- 레몽 크노Raymond Queneau, 《문체 연습》, 문학동네

- 로버트 윌리엄 파이크Robert William Pike, 《밥 파이크의 창의적 교수법》, 김영사

- 마이클 미칼코Michael Michalko, 《창의적 자유인》, 푸른솔

- 모리타 요시유키森田良行, 《기초일본어사전》, 인문사

- 바바 야스오馬場康夫, HOICHOI PRODUCTIONS INC., 《'엔터테인먼트'의 여명, 디즈니랜드가 일본에 왔다!「エンタメ」の夜明け ディズニーランドが日本に来た!》

- 사이토 다카시齋藤孝, 우메다 모치오梅田望夫, 《사학의 권유: 여기서부터 창조가 탄생한다私塾のすすめ: ここから創造が生まれる》

- 사이토 린斉藤倫, 《내가 손가락으로 톡! 소리를 내어, 네가 어른이 되기 전의 시집ぼくがゆびをぱちんとならして、きみがおとなになるまえの詩集》

- 사토 마사히코佐藤雅彦, 《사토 마사히코의 모든 일佐藤雅彦全仕事》

- 앙리 푸앵카레Henri Poincaré, 《과학과 방법Science et Méthode》

- 앙투안 드 생텍쥐페리Antoine de Saint-Exupéry, 《인간의 대지》, 펭귄클래식 코리아

- 앤드류 와트Andrew Watt, 《그들이 꿈꿨던 2,000년The year 2000 they dreamed of》

- 엘리자베스 퀴블러 로스Elizabeth Kubler Ross, 《죽음과 죽어감》, 청미

- 우메다 타쿠오梅田卓夫, 《문장 표현 400자에서 레슨文章表現400字からのレッスン》

- 윌리엄 스마일리 하웰William Smiley Howell, 《감성의 커뮤니케이션The Empathic Communicator》

- 이누이 구미코乾久美子, 《작은 풍경에서의 배움小さな風景からの学び》

- 이케가야 유지池谷裕二, 《0~4세 뇌과학자 아빠의 두뇌 발달 육아법》, 스몰빅에듀

- 제임스 웹 영James Webb Young, 《60분 만에 읽었지만 평생 당신 곁을 떠나지 않을 아이디어 생산법》, 윌북

- 코마츠 히로시小松洋支, 《신 카피라이터 입문新・コピーライター入門》

- 코지마 아키라小島明, 《세서미 스트리트 백과: 텔레비전과 아이들セサミス
  トリート百科: テレビと子どもたち》

- 타케우치 마사아키竹内政明, 《명문 도둑名文どろぼう》

- 톰 밴더빌트Tom Vanderbilt, 《취향의 탄생》, 토네이도

- 피터 드러커Peter Drucker, 《경영의 실제》, 한국경제신문사

- 하세가와 세츠코長谷川摂子, 《마법의 컵まほうのコップ》

- 호무라 히로시穂村弘, 《단가라는 폭탄: 지금 바로 가인이 되고픈 당신을
  위해短歌という爆弾: 今すぐ歌人になりたいあなたのために》

- 히라키 카즈오開一夫, 《아기의 불가사의赤ちゃんの不思議》

- S. I. 하야가와Samuel Ichiye Hayakawa, 《삶을 위한 생활 의미론》, 박이정

과제

라는 과제에 대해서

수단

을 통해

목적

이라는 아이디어를 도출

1차 성과

그 결과

라는 성과를 낳고

2차 성과

그것은

로 이어진다

과제

라는 과제에 대해서

수단

을 통해

목적

이라는 아이디어를 도출

그 결과

1차 성과

라는 성과를 낳고

그것은

2차 성과

로 이어진다

아이디어 분해 구축 시트

❶ 아이디어의 제목

❷ 타깃과 과제

❸ 어떤 A → A'를 만들 것인가?

❹ 어떤 인사이트에 근거한 아이디어인가?

❺ 아이디어의 개요(결과)

아이디어 분해 구축 시트

❶ 아이디어의 제목

❷ 타깃과 과제

❸ 어떤 A → A'를 만들 것인가?

❹ 어떤 인사이트에 근거한 아이디어인가?

❺ 아이디어의 개요(결과)

미친 아이디어는 말에서 나온다

초판 1쇄 발행 2025년 3월 12일

지은이 니토 야스히사
옮긴이 고정아
펴낸이 김상현

콘텐츠사업본부장 유재선
출판1팀장 전수현 **책임편집** 주혜란 **편집** 김승민 심재헌
마케터 이영섭 남소현 성정은 최문실 **디자인** 김예리
미디어사업팀 김예은 송유경 김은주
경영지원 이관행 김범희 김준하 안지선 김지우

펴낸곳 (주)필름
등록번호 제2019-000002호 **등록일자** 2019년 01월 08일
주소 서울시 영등포구 영등포로 150, 생각공장 당산 A1409
전화 070-4141-8210 **팩스** 070-7614-8226
이메일 book@feelmgroup.com

필름출판사 '우리의 이야기는 영화다'

우리는 작가의 문체와 색을 온전하게 담아낼 수 있는 방법을 고민하며 책을 펴내고 있습니다.
스쳐가는 일상을 기록하는 당신의 시선 그리고 시선 속 삶의 풍경을 책에 상영하고 싶습니다.

홈페이지 feelmgroup.com **인스타그램** instagram.com/feelmbook
